CHRISTIAN HENZE / MARION JETTER

Für Kinder kochen

KOSMOS

Die richtige Ernährung – (k)ein Kinderspiel!	**6**
Die 10 Ernährungs-Gebote	7
Ernährungspyramide	8
Das braucht Ihr Kind pro Tag	9
Die wichtigsten Nährstoffe	**10**
Kohlenhydrate	11
Energielieferant Fett	12
Grundbaustein Eiweiß	14
Mineralstoffe	15
Vitamine	15
Muss es immer Bio sein?	**16**
Für Kinder kochen	**18**
Zu den Rezepten	19

Leckere Pausen-Snacks	**32**
Extra: Unser täglich Brot	34
Rezepte	37–41

Für den Start in den Tag	**20**
Extra: Powerpaket Milch	22
Rezepte	24–31

Schnell gekocht für mittags und abends	**42**
Extra: Obst & Gemüse	44
Rezepte	46–61

Inhalt

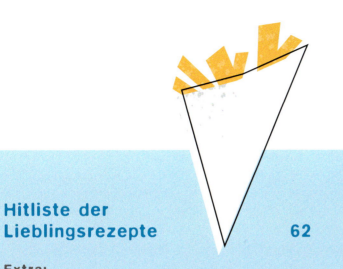

Hitliste der Lieblingsrezepte 62

Extra:
Trink-Wasser 64

Rezepte 66–83

Naschen erlaubt!? 84

Extra:
Süße Versuchungen 86

Rezepte 88–95

Heute wird gefeiert! 96

Extra:
Mit Kindern kochen 98

Rezepte 100–111

Kinderlebensmittel im Check 112

Wochenplan: 7 Tage optimal essen 114

Rezeptregister 116

Diese Adressen helfen Ihnen weiter 118

Die richtige Ernährung – (k)ein Kinderspiel!

Eine gesunde und sinnvoll zusammengesetzte Ernährung spielt besonders bei Kindern eine ganz entscheidende Rolle. Denn falsches Essverhalten – zu süß, zu fett, zu viel – ist neben mangelnder Bewegung die Ursache dafür, dass fast jedes fünfte Kind übergewichtig ist.

Ein Leben lang gesund

Natürlich wollen Sie nur das Beste für Ihr Kind, möchten es mit den Nährstoffen versorgen, die sein kleiner Körper braucht. Doch oft scheitert dieses Vorhaben an einfachen Dingen des Alltags: die wöchentliche Turn- und Musikstunde, Berge von Bügelwäsche oder Ihr Job. Ein Alltag voller Stress, der es Ihnen manchmal schwer macht, alle guten Vorsätze durchzuhalten und nicht einfach aus Bequemlichkeit etwas Schnelles und nicht unbedingt Gesundes auf den Tisch zu bringen.

Ganz zu schweigen von Ihrem Kind, das es Ihnen auch nicht immer gerade leicht macht, das auf Gemüse und Obst mit Essensverweigerung reagiert, ein richtiger Frühstücksmuffel ist oder sein Pausenbrot in der Schule einfach gegen die Süßigkeiten seines Banknachbarn eintauscht.

Dieses Buch will Ihnen zeigen, wie eine optimale Kinderernährung aussieht, und Ihnen helfen, diese auch bei Ihrem Kind umzusetzen. Damit die Umstellung auf gesunde Kost nicht ganz so schwer fällt, finden Sie jede Menge Tipps und Ratschläge, eine Übersicht über die wichtigsten Nährstoffe und Lebensmittel sowie gesunde, leckere und schnelle Rezepte für jeden Tag.

Mit gutem Beispiel voran

Vielleicht sind Sie sich dessen gar nicht so bewusst, doch zahlreiche Studien haben bewiesen: Das Essverhalten, das Kinder im Laufe ihres Lebens entwickeln, entspricht stark dem der Eltern. So werden nicht nur Essgewohnheiten, sondern auch Vorlieben und Abneigungen gegen bestimmte Lebensmittel übernommen.

Das bedeutet, Ihr Kind gewöhnt sich ganz automatisch an das gesunde Müsli, das morgens auf dem Frühstückstisch steht, aber leider auch an schnelle Fertiggerichte, die von den Eltern vor dem laufenden Fernseher verzehrt werden. Achten Sie deshalb unbedingt auf Ihr eigenes Verhalten – Ihrem Kind zuliebe.

Die 10 Ernährungs-Gebote

1. Nehmen Sie die **Hungersignale** Ihres Kindes ernst.

2. Achten Sie darauf, dass Ihr Kind genügend **Vollkornprodukte,** Obst und Gemüse isst. Gehen Sie mit gutem Beispiel voran.

3. Versuchen Sie, regelmäßige **Essenszeiten** einzuhalten und auch für Zwischenmahlzeiten zeitliche Regeln zu befolgen.

4. Essen Sie möglichst oft gemeinsam mit Ihren Kindern und nehmen Sie sich Zeit für die Mahlzeiten. So kann Ihr Kind ein Gespür für **Hunger und Sättigung** entwickeln.

5. Süßigkeiten sollten nicht als Belohnung eingesetzt werden, sondern einfach ab und zu mal als kleine Portion eine Selbstverständlichkeit sein. Kinder, denen **Süßigkeiten** verboten werden, neigen meist dazu, sich bei Gelegenheiten außerhalb der Familie mit den „verbotenen" Leckereien vollzustopfen. Finden Sie einen Mittelweg. Das gilt auch für Fast Food: Ab und zu kann man schon einen Burger essen!

6. Im Restaurant sollte Ihr Kind nicht nur die **„Kindergerichte"** bekommen, da unter dieser Rubrik nicht gerade die gesündesten Speisen angeboten werden. Fragen Sie stattdessen, ob es ein gesundes Gericht auch als kleine Portion gibt.

7. Beim Essen sollten Sie nicht fernsehen, telefonieren oder Unangenehmes (z. B. schlechte Schulnoten) besprechen. All das bedeutet **Ablenkung** und Ihr Kind verliert den Bezug zum Essen.

8. Ihr Kind darf 5 Gerichte wählen, die es nicht mag. Alles andere sollte probiert werden. Scharfes, Saures oder Bitteres passt noch nicht zu den empfindlichen **Geschmacksnerven** Ihres Kindes.

9. Essen sollte nicht als Ersatz für andere **Bedürfnisse** herhalten: Benutzen Sie es nicht, um Ihr Kind zu trösten oder seine Langeweile zu vertreiben.

10. Zwingen Sie Ihr Kind nicht dazu, den Teller leer zu essen. Es lernt so höchstens, seine Hunger- und Sättigungsgefühle zu ignorieren. Wenn Sie den Nachtisch als **Belohnung** einsetzen, wird aus der Süßigkeit das eigentliche Ziel und aus der Hauptspeise wird lediglich der Weg dorthin.

Ernährungspyramide

Sie stellt anschaulich dar, wie der tägliche Speiseplan Ihres Kindes aussehen sollte. Je weiter oben sich ein Lebensmittel befindet (1 Baustein = 1 Portion), desto sparsamer sollte es verwendet werden.

1 Süßes, Snacks

 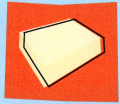

2 Koch- und Streichfett

3+1 Milch, Milchprodukte + Fleisch, Fisch, Ei, Wurst

4 Obst, Gemüse

5 Brot, Beilagen, Getreide

6 Getränke

Das braucht Ihr Kind pro Tag

Mit der Ernährungspyramide (sie berücksichtigt die Empfehlungen des Forschungsinstituts für Kinder und der Deutschen Gesellschaft für Ernährung) lassen sich die doch recht komplizierten Sachverhalte rund ums gesunde Essen und Trinken einfach darstellen. Die Pyramide ist in 6 Ebenen unterteilt.

- Die grüne Basis bilden Getränke und pflanzliche Lebensmittel – sie darf Ihr Kind häufig und reichlich verzehren.
- Im gelben Mittelfeld befinden sich die tierischen Produkte, die nur maßvoll verwendet werden sollten.
- In der roten Spitze haben Fette und Süßes für den sparsamen Genuss ihren Platz.

Getränke sind mit 6 Portionen am reichlichsten vertreten. Aus der Gruppe Brot, Beilagen (Kartoffeln, Reis, Nudeln) und Getreide (Müsliflocken) braucht Ihr Kind täglich 5 Portionen. An Obst und Gemüse darf es sich mit 4 Portionen satt essen. Eine 5. Portion gibt es in flüssiger Form (als Obst- oder Gemüsesaft).

Zusätzlich zu den 3 Milchportionen (Milch, Joghurt, Quark, Käse) gibt es noch 1 Portion Fleisch, Wurst, Fisch oder Ei.

Fett (Öl, Margarine, Butter) ist mit 2 Portionen sparsam vertreten. Von Süßigkeiten und von fetten Snacks oder gezuckerten Getränken darf es nur 1 Portion sein.

Die üblichen Tagesportionen

Alter (Jahre)		2–3	4–6	7–9	10–12
Reichlich					
Getränke	ml/Tag	700	800	900	1000
Brot, Getreide (-flocken)	g/Tag	120	170	200	250
Kartoffeln, Nudeln, Reis, Getreide (gekocht)	g/Tag	100	130	150	180
Gemüse	g/Tag	150	200	220	250
Obst	g/Tag	150	200	220	250
Mäßig					
Milch, Milchprodukte	ml (g)/Tag	330	350	400	420
Fleisch, Wurst	g/Tag	35	40	50	60
Eier	Stück/Woche	1–2	2	2	2–3
Fisch	g/Woche	70	100	150	180
Sparsam					
Öl, Margarine, Butter	g/Tag	20	25	30	35
Geduldete Lebensmittel					
Süßes	g/Tag	5	10	10	15
fette Snacks	g/Tag	30	40	50	60

Die wichtigsten Nährstoffe

Vor allem für Kinder gilt: Nur wenn ihr Körper mit einem optimalen Mix aller wichtigen Nährstoffe versorgt wird, können sie gesund heranwachsen. Die 3 Grundnährstoffe – Kohlenhydrate, Fett und Eiweiß – sind in erster Linie Energielieferanten. Die übrigen Nährstoffe wie Vitamine, Mineralstoffe, Spurenelemente oder Ballaststoffe liefern keine Energie, sind aber unentbehrlich für die Gesundheit.

Durch eine ausgewogene Ernährung lässt sich späteren Krankheiten wie Übergewicht, Rheuma oder Diabetes vorbeugen und die körperliche und geistige Leistungsfähigkeit Ihres Kindes ganz entscheidend steigern.

Kinder essen anders

Vom Forschungsinstitut für Kinderernährung in Dortmund wurden Ernährungsempfehlungen entwickelt, wie sich die Nährstoffe optimal zu einzelnen Mahlzeiten zusammensetzen lassen. Die Experten empfehlen fünf Mahlzeiten pro Tag.

Der Kalorienbedarf

Der Energiebedarf eines Kindes hängt von seinem Gewicht und Alter ab und auch davon, wie aktiv es ist. Bei normaler Aktivität lassen sich für den täglichen Bedarf (den Empfehlungen des Forschungsinstituts für Kinderernährung in Dortmund entsprechend) etwa folgende Werte ansetzen:

- Kleinkinder: 1000 bis 1200 Kalorien
- Vorschulkinder: 1200 bis 1600 Kalorien
- Schulkinder: 1600 bis 2200 Kalorien
- Jugendliche (Mädchen): 1850 bis 2110 Kalorien
- Jugendliche (Jungen): 2200 bis 2750 Kalorien

Zwei kalte Mahlzeiten

Hier zu Lande sind die beiden kalten Mahlzeiten das Frühstück und das Abendessen. Nach Aussagen der Ernährungsexperten sollte Ihr Kind dann am besten Brot oder Getreideflocken in Kombination mit Milchprodukten sowie Obst- oder Gemüserohkost aufnehmen. Butter und Wurst nur in geringer Menge.

Eine warme Mahlzeit

Hier ist normalerweise das Mittagessen gemeint. Je nach Ihren familiären Gewohnheiten kann die warme Mahlzeit aber auch auf den Abend verlegt werden. Grundlage der warmen Mahlzeit sind Kartoffeln, Nudeln, Getreide oder Hülsenfrüchte, dazu reichlich Gemüse oder Salat. Die Fleischportion fällt vergleichsweise klein aus und sollte etwa zwei- bis dreimal pro Woche auf dem Speiseplan stehen. An den restlichen Tagen empfehlen die Experten ein vegetarisches Gericht. Einmal pro Woche trägt Fisch zur Jodversorgung des Körpers bei.

Zwei Zwischenmahlzeiten

Zusätzlich zu den drei Hauptmahlzeiten sollte Ihr Kind zwischendurch etwas Brot, Getreideflocken, Obst oder Gemüse bekommen. Auch Milch und daraus hergestellte Produkte sind in kleineren Portionen geeignet.

Trinken nicht vergessen!

Zu jeder Mahlzeit gehört ein ungesüßtes Getränk wie Wasser, Tee oder verdünnter Fruchtsaft. Und auch zwischen den Mahlzeiten sollten Kinder immer die Möglichkeit haben, etwas zu trinken.

Kohlenhydrate

Der Körper braucht Kohlenhydrate als Energielieferant, damit Ihr Kind rennen, springen und herumtoben kann. Und um das Gehirn mit Glucose zu versorgen und die Denkleistung anzuregen. Kohlenhydrate bestehen aus einzelnen Zuckerbausteinen. Je nach Anzahl dieser Grundbausteine wird zwischen so genannten Einfachzuckern (Trauben- und Fruchtzucker), Zweifachzuckern (Haushalts- oder Milchzucker, Rohrzucker) und Mehrfachzuckern unterschieden.

Komplexe Kohlenhydrate

Mehrfachzucker oder komplexe Kohlenhydrate kommen meist gemeinsam mit vielen Vitaminen, Mineralstoffen und Ballaststoffen in Vollkorngetreide, Brot, Nudeln, Obst, Gemüse und Kartoffeln vor. Ihr entscheidender Vorteil: Sie sättigen viel länger als Einfach- oder Zweifachzucker.

Der glykämische Index (Glyx)

Er besagt, wie stark ein Lebensmittel den Blutzucker ansteigen lässt. Lebensmittel mit einem hohen glykämischen Index führen zu einem starken Anstieg des Blutzuckerspiegels. Die Folge: Die Bauchspeicheldrüse schüttet Insulin aus, um den Blutzuckerspiegel wieder zu senken. Das hemmt die Fettverbrennung in den Zellen und fördert Heißhungerattacken.

Deshalb ist es sinnvoll, Lebensmittel mit einem niedrigen glykämischen Index zu bevorzugen. Sie haben einen hohen Anteil an komplexen Kohlenhydraten sowie Ballaststoffen, die gut sättigen.

- Hoher Glyx: Weißmehlprodukte, Süßigkeiten, Fast Food, Chips, Pommes frites, Schokolade, Kuchen, Gebäck, Limonade, Cola.
- Niedriger Glyx: Vollkornprodukte, Müsli, Naturreis, Obst und Gemüse, Hülsenfrüchte, Milchprodukte, mageres Fleisch, Fisch, ungesüßter Fruchtsaft oder Tee.

Steigen Sie um!

Steigern Sie den Vollkornanteil langsam. Mogeln Sie z. B. eine Hand voll Vollkorn- unter Weißmehlnudeln. Kochen Sie die Vollkornnudeln zum Beispiel in Tomaten- oder Rote-Bete-Saft. Oder mischen Sie Gemüse oder Sauce schon vor dem Servieren unter – dann fallen die „gesunden" Nudeln (gilt auch für Vollkornreis) gar nicht auf.

Der Tagesbedarf

Mehr als 50 Prozent der täglichen Energie sollte Ihr Kind aus kohlenhydrathaltigen Nahrungsmitteln aufnehmen. Dies gilt aber nicht für zuckerreiche Limonaden, Gebäck oder Süßigkeiten, diese Kohlenhydrate liefern nur leere Kalorien (ohne lebensnotwendige Nährstoffe wie Vitamine und Mineralstoffe).

Energielieferant Fett

Wir brauchen Fett – und zwar jeden Tag eine gewisse Menge. Vor allem, um die fettlöslichen Vitamine A, D, E und K aufnehmen zu können. Fette sind außerdem wichtige Bausteine für bestimmte Körperzellen, umschmeicheln den Gaumen und machen lange satt. Sie sind kompakte Energielieferanten: Ein Gramm Fett enthält rund neun Kalorien, doppelt so viel wie Kohlenhydrate. Kein Wunder, dass ein Zuviel an aufgenommenem Fett im Gewebe eingelagert wird und dick macht.

Die Qualität entscheidet

Neben der Menge des täglich verzehrten Fettes kommt es auf die Zusammensetzung und Qualität an. Grundsätzlich unterscheidet man zwischen gesättigten, einfach oder mehrfach ungesättigten Fettsäuren.

Gesättigte Fettsäuren

Sie kommen beispielsweise in Butter, Kokosfett, Wurst oder Fleisch vor und sind chemisch gesehen unseren körpereigenen Fettdepots sehr ähnlich. Sie erhöhen den Cholesterinspiegel im Blut und plustern die Fettzellen auf.

Ungesättigte Fettsäuren

Setzen Sie also besser auf die ungesättigten Fettsäuren aus kaltgepressten Pflanzenölen,

ungehärteten Pflanzenmargarinen (Reformhaus), Nüssen und Fisch. Sie sind wichtig für die Nervenfunktionen, halten die Arterien elastisch, verbessern die Cholesterinwerte und sind als Funktionsfett an wichtigen Körpervorgängen beteiligt. Sie sättigen rasch und anhaltend, bremsen den Heißhunger aus und beschleunigen den Fettabbau im Gewebe und die Fettverbrennung in der Muskulatur.

- Spitzenreiter für mehrfach ungesättigte Fettsäuren sind hochwertige Pflanzenöle wie Sonnenblumen-, Traubenkern-, Walnuss- und Kürbiskernöl oder auch fette Meeresfische wie Lachs, Makrele und Thunfisch.
- Oliven- und Rapsöl sind die Hauptquellen für einfach ungesättigte Fettsäuren.

Der Tagesbedarf

Ein normalgewichtiges Kind sollte zwischen 30 und 35 Prozent seiner benötigten Energie aus dem Nährstoff Fett beziehen. Soll das Gewicht des Kindes reduziert werden, ist hier der beste Ansatzpunkt. Beschränkt man sich auf 27 Prozent, müsste es mit dem Abnehmen klappen.

Zu viel Fett macht fett!

Fett ist nun mal der Dickmacher Nummer Eins. Achten Sie vor allem darauf, dass Ihr Kind nicht zu viele „versteckte" Fette zu sich nimmt. Sie bestehen überwiegend aus gesättigten Fettsäuren und ein Zuviel davon kann sich gesundheitlich negativ auswirken.

Diese Fette verstecken sich in Käse, Wurst- und Fleischwaren, in Saucen, in Gebäck und Torten, in Kartoffelchips, Knabberartikeln und in Schokolade.

Clever Fett sparen

Fett ist zwar ein wichtiger Geschmacksträger, aber trotzdem genügen meist geringe Mengen.

- Bei belegten Brötchen muss keine Butter unter die Wurst – ein Salatblatt tut's auch. In der Wurst steckt meist genügend Fett, das den Geschmack trägt.
- Als Brotbelag sollten Sie statt Salami, Leberwurst oder Fleischwurst lieber Schinken (ohne Fettrand) oder Cornedbeef wählen.
- Ersetzen Sie die Sahne in Pudding, Saucen oder Aufläufen durch fettarme Milch.
- Achten Sie bei der Zubereitung auf fettarme Garmethoden (dünsten, dämpfen, braten in beschichteter Pfanne) und messen Sie die Fettmenge, die Sie zum Kochen und Braten benötigen, immer mit einem Löffel ab.
- Mit einem Ölzerstäuber lässt sich Fett in der Pfanne hauchdünn verteilen und auch wohldosiert über dem Salat.
- Binden Sie Saucen oder Suppen mit etwas püriertem Gemüse statt mit Sahne oder Mehlschwitze. Oder kochen Sie eine Kartoffel mit und pürieren das Ganze anschließend.

- Ersetzen Sie beim Backen Fett durch Apfel-, Pflaumen- oder Aprikosenpüree.
- Eine Mehlschwitze lässt sich auch ohne Fett zubereiten: Einfach das Mehl in einer trockenen Pfanne unter Rühren anrösten und etwas auskühlen lassen. Dann kalte Flüssigkeit zugießen und unter ständigem Rühren zu einer Sauce aufkochen lassen.

Der Fettgehalt verschiedener Lebensmittel

Lebensmittel (je 100 g)	Fettgehalt (in g)	Deckung des Tagesbedarfs in Prozent (%)
Pflanzenfett	100 g	> 100 % (142 %)
Speiseöl	99,9 g	> 100 % (142 %)
Butter	83 g	> 100 % (118 %)
Margarine	80 g	> 100 % (114 %)
Erdnüsse	48 g	68 %
Kartoffelchips	39 g	55 %
Streichmettwurst	37 g	53 %
Kalbsleberwurst	36 g	51 %
Sahne	30 g	43 %
Croissant	26 g	37 %
Bratwurst	25 g	36 %
Rinderhackfleisch	14 g	20 %
Schinken	13 g	18 %
Ei	12 g	17 %
Brot	1,2 g	2 %
Bananen	0,2 g	< 1 %
Kartoffeln	0,1 g	< 1 %

Grundbaustein Eiweiß

Eiweiß oder Protein ist der wichtigste Grundbaustein der Zellen. Es wird zur Bildung von Muskeln, Gewebe, Haaren und Organen benötigt. In Form von Muskeln, Enzymen und Hormonen ist es an allen wichtigen Funktionen im Körper beteiligt.

Eiweiß besteht aus einzelnen Bausteinen, den Aminosäuren. Von 20 Aminosäuren sind neun essenziell, das heißt, der Körper kann sie nicht selbst herstellen, sondern muss sie aus proteinreicher Nahrung herausfiltern.

Am besten gelingt das mit tierischem Eiweiß aus Fleisch, Fisch, Eiern oder Milch. Es ist der Zusammensetzung des körpereigenen Proteins sehr ähnlich, hat also eine hohe biologische Wertigkeit.

Auch in Gemüse, Hülsenfrüchten, Getreide und Nüssen sind Aminosäuren enthalten – allerdings kann sie der Körper nicht ganz so gut verwerten.

Die Mischung macht's

Kombinieren Sie am besten tierische und pflanzliche Eiweißquellen. Besonders hochwertige Kombinationen ergeben sich, wenn kleine Portionen Kartoffeln mit Ei oder Tofu mit Ei in einer Mahlzeit gegessen werden. Auch das wertet Eiweiß auf: Getreide mit Ei, Milch oder Milchprodukten.

Der Tagesbedarf

Etwa 15 Prozent der täglichen Energie sollten Kinder aus Eiweiß bekommen. Als Faustregel gilt:
- eine Hälfte davon aus tierischen Produkten wie Eiern, Fleisch, Fisch oder Milchprodukten
- die andere Hälfte aus pflanzlichen Eiweißquellen wie Vollkornprodukten, Hülsenfrüchten, Kartoffeln, Gemüse, Soja und Nüssen

Gute Eiweißquellen

Lebensmittel (je 100 g)	Eiweiß (in g)	Deckung des Tagesbedarfs in Prozent (%)
Käse (z. B. Gouda)	26,4 g	44 %
Hähnchenbrustfilet	25 g	42 %
Schweinefilet	20,4 g	34 %
Rinderfilet	19,4 g	32 %
Magerquark	13 g	22 %
Hühnerei	12,9 g	22 %
Weizen	11,7 g	19 %
Mais	8,5 g	14 %
Tofu	8 g	13 %
Erbsen	6,6 g	11 %
Milch	3,3 g	6 %
Spinat	2,5 g	4 %
Grüne Bohnen	2,4 g	4 %
Kartoffeln	2,0 g	3 %
Bananen	1,2 g	2 %

Mineralstoffe

Sie sind unentbehrlich für den reibungslosen Ablauf zahlreicher Stoffwechselprozesse: sie regeln den Wasserhaushalt, sind am Aufbau von Knochen und Zähnen beteiligt, aktivieren Enzyme und sorgen für die Reizübertragung im Nervensystem.

Grundsätzlich unterscheidet man je nach benötigter Zufuhr in Mengen- und Spurenelemente:

- Mengenelemente wie Natrium, Kalium, Kalzium, Phosphor, Magnesium und Chlorid kommen im Körper in hoher Konzentration vor. Sie werden täglich in Gramm-Mengen benötigt und mit dem Essen aufgenommen.
- Bei Spurenelementen reicht hingegen die Aufnahme geringster Mengen aus. Zu den wichtigsten Spurenelementen zählen Eisen, Jod, Fluor, Mangan, Kupfer, Zink und Selen.

Die wichtigsten Mineralstoffe

Eisen: transportiert den Sauerstoff im Blut und stärkt die Abwehr. Gute Quellen sind Fleisch, grünes Blattgemüse, Haferflocken, Nüsse, Hirse, Hülsenfrüchte.

Kalzium: wichtig für den Knochenaufbau, für Zahne und Muskeln. Gute Quellen sind Milch und Milchprodukte, Grünkohl, Spinat, Brokkoli.

Jod: nötig für die Bildung des Schilddrüsenhormons. Gute Quellen sind Fisch und Jodsalz.

Vitamine

Vitamine sind lebensnotwendig, weil der Körper sie nicht selbst herstellen kann. Vitamine bilden und erneuern Körpergewebe. Vitamin A ist wichtig für Haare, Haut und Zähne; B-Vitamine für den Zellaufbau, Vitamin D für das Knochenwachstum.

Vitamine stärken das Immunsystem (Vitamin C), sind wichtig für die Bildung der roten Blutkörperchen (B-Vitamine, Folsäure) und sorgen dafür, dass die Nahrung in Energie umgewandelt wird (B-Vitamine). Die insgesamt 13 Vitamine unterteilen sich in fettlösliche (A, D, E und K) und wasserlösliche (B1, B2, B6, B12, C, Pantothensäure, Biotin und Folsäure). Nur die fettlöslichen Vitamine kann der Körper speichern, nur hier ist deshalb eine Überdosierung möglich.

Die wichtigsten Vitamine

	Gute Quellen
Vitamin A (Vorstufe Beta-Carotin)	Fleisch, Fisch, Butter, Käse, Eier, Beta-Carotinhaltiges Gemüse wie Möhren, Salat, Paprika, Spinat, Sanddorn
Vitamin C	Schwarze Beeren, Acerolasaft, Zitrusfrüchte, Paprika, Kiwi, Sanddorn, Kohlrabi, Fenchel
Vitamin E	Kaltgepresste Pflanzenöle und ungehärtete Pflanzenmargarine (Reformhaus), Weizenkeime, Haselnüsse
Vitamin B1, B2, B3 und B6	Getreide, Fisch, Hülsenfrüchte, Nüsse und Eier
Folsäure	Getreide, grünes Blattgemüse, Hülsenfrüchte, Zitrusfrüchte, Geflügel und Schweinefleisch
Vitamin D	Milchprodukte, Fisch und Eigelb
Vitamin B12	Geflügel, Eier, Fisch und Meeresfrüchte

Muss es immer Bio sein?

Immer mehr Menschen, vor allem aber junge Familien, bevorzugen mittlerweile naturbelassene Lebensmittel. Die Gründe dafür sind vielfältig: „Weil's gesünder ist", meinen die einen. „Bio schmeckt einfach besser", behaupten die anderen. Und wie aktuelle Zahlen belegen, ist der etwas höhere Preis anscheinend kein Kaufhindernis.

Nach Angaben des aktuellen Ökobarometers (einer EMNID-Umfrage im Auftrag des Bundesverbraucherministeriums) ist den Käufern die Qualität von Obst und Gemüse am wichtigsten. Ein Viertel der Haushalte kauft Bio-Eier, 38 Prozent Biomilch, 12 Prozent greifen bei Fleisch und Wurst zur Biovariante.

Ist Bio wirklich besser?

„Bio ist gesund" das ist ein Hauptargument der Bio-Befürworter. Und tatsächlich lässt sich die bessere Qualität nachweisen. Denn Produkte aus ökologischem Anbau enthalten deutlich mehr bioaktive Substanzen und sekundäre Pflanzenstoffe, dafür aber weniger Rückstände von Pflanzenschutzmitteln als vergleichbare Lebensmittel aus konventionellem Anbau. So liefert Bioweißkraut um 30 Prozent höhere Vitamin-C-Werte, genauso Bioäpfel oder -tomaten. Gut messbar ist beispielsweise die Auswirkung von biologischer Ernährung auf die Muttermilch: Milch von Frauen, die sich vorwiegend von Biolebensmitteln ernährten, wies einen höheren Gehalt an wertvollen Omega-3-Fettsäuren auf.

Länger frisch

Dass biologische Lebensmittel, vor allem Obst und Gemüse, länger haltbar sind, liegt einfach daran, dass sie viel langsamer wachsen und so weniger Wasser, dafür aber mehr Trockenmasse enthalten. Bleibt ihnen mehr Zeit zum Reifen, können sie auch mehr geschmacksintensive Aromastoffe bilden, deshalb schmecken sie einfach besser. Länger haltbar sind auch Brot und Brötchen. Wo die einzelnen Bio-Lebensmittel ihre Stärken haben, sehen Sie in unserer Übersicht.

Wo gibt es Bio?

Bio-Produkte gibt es vor allem in Reformhäusern und Naturkostläden. Auch auf Wochenmärkten oder im Supermarkt und beim Discounter wird die Angebotspalette ständig erweitert. Wer keine Einkaufsmöglichkeiten in der Nähe hat, kann sich die Bio-Lebensmittel auch direkt ins Haus liefern lassen. Einige Adressen finden Sie auf Seite 118.

An dieser Auswahl aktueller Bio-Siegel, die für geprüfte Qualität stehen, können Sie sich beim Einkauf orientieren.

Das staatliche Bio-Siegel

Beispiele für regionale Bio-Zeichen

Reformhaus-Logo

Wo lohnt sich Bio besonders?

Brot: Biobäcker verzichten prinzipiell auf künstliche Zusatzstoffe und Backhilfen, verwenden stattdessen natürliche Biohefe und Sauerteig: Deshalb schmeckt das Brot intensiver und ist länger haltbar.

Eier: Bio-Eier sind frei von Farbstoffen oder Wachstumsförderern. Doch Vorsicht: Boden- oder Freilandhaltung ist nicht gleichbedeutend mit „Bio". Dank der neuen Eierkennzeichnung erkennen Sie Bio-Eier daran, dass die erste Ziffer „Null" ist.

Fisch: Das gilt für alle Fische: Fangfrisch sind Sie einfach am besten – egal ob „Bio" oder nicht. Biofisch wird ebenso wie Fisch aus konventionellen Fischfarmen in Teichen gezüchtet, bekommt aber nur Biofutter.

Käse: Das Besondere am Biokäse? Die Milch stammt von Tieren aus artgerechter Haltung. Bei der natürlichen Reifung des Käses wird weitgehend auf Hilfs- und Zusatzstoffe verzichtet.

Fleisch: Hier lohnt sich „Bio" wirklich: Das Fleisch ist fester und schrumpft beim Braten nicht zusammen. Der Grund: Leistungsförderer und gentechnische Futtermittel sind tabu. Bio-Wurst enthält keine Farb- und Konservierungsstoffe, deshalb ist sie oft auch weniger lange haltbar.

Milch: Die Qualitätsansprüche an Milch sind grundsätzlich sehr hoch. So werden Sie weder in Bio- noch in konventioneller Milch Schadstoffe oder Verunreinigungen finden. Einziger Unterschied: Bio-Kühe stehen nicht im Stall, sondern dürfen raus auf die Weide und bekommen frisches Gras.

Obst und Gemüse: Biologisch angebautes Obst und Gemüse darf nicht gespritzt werden und enthält deshalb weniger Schadstoffe, dafür mehr Vitamine und krebsvorbeugende Antioxidantien. Das ungespritzte Obst kann man bedenkenlos mit der Schale essen – zum Glück, denn direkt unter der Schale stecken die meisten Vitamine.

Zeichen von unabhängigen Anbauverbänden — Marken-Logos von Supermärkten und Drogerien

Für Kinder kochen

Natürlich ist es nicht ganz einfach, jeden Tag ein gesundes Essen auf den Tisch zu bringen, und die Versuchung, zu Fertiggerichten zu greifen, ist groß. Und Sie brauchen schon ein gewisses Repertoire an Gerichten, die sich unkompliziert und schnell zubereiten lassen und die vor allem bei Ihren Kindern auch gut ankommen. Doch selber kochen lohnt sich, denn es hat viele Vorteile:

- Sie wissen genau, was in dem Gericht steckt und können auf Unverträglichkeiten oder Vorlieben Ihres Kindes eingehen.
- Konventionelle Fertigprodukte enthalten eine ganze Menge künstlicher Farb- und Aromastoffe, Geschmacksverstärker und Süßstoff. Sie gewöhnen Kinder schon sehr früh an einen Einheitsgeschmack und wirken appetitanregend. Man kennt das von der einmal geöffneten Chipstüte: Man kann nicht aufhören zu knabbern, bis sie leer ist. Sogar Allergien können diese Zusatzstoffe auslösen.
- Auch wenn Sie es nicht glauben: Sie sparen Geld – und Zeit –, wenn Sie selber kochen. Bereiten Sie einfach die doppelte Menge zu und frieren Sie eine Portion ein. So können Sie bei Bedarf schnell eine gesunde Mahlzeit aus der Tiefkühltruhe zaubern.

Hauptsache knusprig

Gut zu wissen: Für Kinder ist ein gutes Mundgefühl sehr wichtig. Wenn's knistert und knuspert, dann schmeckt es ihnen. Dieses Gefühl stellt sich aber nicht nur bei Chips ein, sondern auch bei gesunden Knabbereien wie Möhrensticks, ungezuckerten Apfelchips, Nüssen, Dinkel-Grissini oder knusprigen Croutons im Salat.

Gesundes schmackhaft machen

Nicht immer „funktionieren" Kinder so, wie wir Erwachsenen es gerne hätten. Und das ist auch gut so. Besonders kleinere Kinder hören auf ihre eigenen Hungersignale. Nur wenn Sie diese Signale respektieren, hat Ihr Kind gute Chancen, eine gesunde Beziehung zum Essen zu entwickeln.

Gut Ding braucht Weile

Es gibt viele Kinder, die über Wochen nichts anderes essen wollen als zum Beispiel Leberwurstbrot. Das ist natürlich kein Idealzustand, den Sie auf Dauer durchhalten sollten. Doch wenn Sie versuchen, Ihr Kind zu etwas anderem zu zwingen, lösen Sie das Problem genauso wenig. Besser ist es, parallel andere Speisen anzubieten und zu warten, bis die „Leberwurst-Phase" vorbeigeht.

Wenn Sie versuchen, Ihre Kinder an gesunde Speisen zu gewöhnen, dürfen Sie nicht so schnell aufgeben. Wenn Sie das Angebot kontinuierlich aufrechterhalten, ohne das Kind zu zwingen, wird es sicher schon bald daran Gefallen finden. Haben Sie einfach etwas Geduld!

Zu den Rezepten

Die Rezepte sind, wenn nicht anders angegeben, für 4 Personen berechnet. Je nach Appetit und Alter der Kinder reichen sie auch mal für 5 bis 6 Personen. Die kleine Tabelle (siehe unten) gibt Ihnen für die Umrechnung der Portionen eine kleine Hilfestellung.

Bei den Rezepten für Frühstück und Pausenbrote haben wir eine durchschnittliche Portion für ein Schulkind zugrunde gelegt. Die Nährstoffangaben bei den Rezepten beziehen sich jeweils auf 1 Portion.

Abkürzungen

EL	=	Esslöffel
TL	=	Teelöffel
g	=	Gramm
mg	=	Milligramm
l	=	Liter
ml	=	Milliliter
Msp.	=	Messerspitze
°C	=	Grad Celsius
TK-...	=	Tiefkühl-...
kcal	=	Kilokalorien
E	=	Eiweiß
F	=	Fett
KH	=	Kohlenhydrate

Löffelweise gewogen

1 EL Öl	=	10 g
1 TL Öl	=	5 g
1 EL Butter	=	10 g
1 TL Butter	=	5 g
1 EL Sahne	=	10 g
1 EL Quark	=	20 g
1 EL Crème fraîche	=	15 g
1 EL Mehl	=	10 g
1 EL Müsli	=	10 g
1 EL Zucker	=	15 g
1 TL Zucker	=	5 g
1 EL Honig	=	20 g
1 EL gemahlene Nüsse	=	5 g
1 EL gehackte Nüsse	=	10 g
1 EL gehackte Kräuter	=	5 g
1 EL Senf	=	15 g
1 EL Tomatenmark	=	15 g

Kleine Mengenlehre

Gerade bei Kindern, die wachsen oder sich viel bewegen, ist es oft ziemlich schwierig, die Mengen einzuschätzen. Diese Tabelle hilft Ihnen dabei, die Portionen zumindest grob zu überschlagen.

Gericht	Kleinkind	Schulkind	Erwachsener
Suppe	150 ml	200 ml	250 ml
Salat	150 g	200 g	300 g
Fleisch als Stück	80 g	100 g	200 g
Gemüse (Beilage)	100 g	150 g	200 g
Gemüse (Hauptgericht)	200 g	250 g	350 g
Reis, Nudeln (roh gewogen, als Beilage)	40 g	60 g	80 g
Reis, Nudeln (roh gewogen, als Hauptgericht)	60 g	80 g	100 g
Käse, Wurst	40 g	60 g	80 g

Für den Start in den Tag

Zu spät aufgestanden? Keinen Hunger so früh am Morgen? Trotzdem: Nach etwa 10 Stunden Schlaf sind die Energiespeicher leer und selbst Frühstücksmuffel sollten nicht ohne ein Glas Kakao, einen fruchtigen Milchmix oder ein paar Löffel Lieblings-Müsli aus dem Haus gehen.

Extra Powerpaket Milch

Durch ihren hohen Nährstoffgehalt ist Milch eines der wertvollsten Lebensmittel überhaupt. Sie ist nicht nur die erste Nahrung im Leben Ihres Kindes, auch später dürfen Milch und Milchprodukte in einer gesunden Ernährung nicht fehlen. Sie sollten rund 10 bis 15 Prozent der täglichen Gesamtenergie abdecken.

Milch und ebenso Milchprodukte wie Joghurt, Quark und Käse enthalten reichlich hochwertiges Eiweiß und viele Vitamine, Mineralstoffe und Spurenelemente. Mit Magermilchprodukten, die auch beim Kochen vielseitig einsetzbar sind, lässt sich gut Fett einsparen, ohne dass der Geschmack darunter leidet.

Es muss nicht Vollmilch sein

Kinder mit Gewichtsproblemen sollten statt Vollmilch (3,5 % Fett) besser fettarme Milch (mit einem Fettgehalt von 1,5 %) trinken. Sie enthält fast die gleiche Menge Kalzium.

Magermilch mit einem Fettgehalt von nur 0,3 % ist nicht geeignet, da ihr mit dem Fett auch die meisten Nährstoffe entzogen wurden.

Wenig Fett – viel Geschmack

Es muss auch nicht Sahnequark sein: Mit etwas Joghurt oder Milch aufgeschlagen, isst Ihr Kind auch Magerquark.

Kinder lieben cremige Suppen und Saucen. Aber auch hier lässt sich leicht und unbemerkt Fett einsparen:

- Die Suppe schmeckt auch mit saurer Sahne (10 % Fett) oder Schmand (24 % Fett) anstelle von süßer Sahne (32 % Fett) oder Crème fraîche (35 % Fett).
- Bei Saucen kann die Sahne durch fettarme Milch und etwas Schmand ersetzt werden.

Auch bei Käse sollten Sie auf den Fettgehalt achten. Er wird meist als „Fett i. Tr." (Fett in der Trockenmasse) angegeben, das sagt aus, wie hoch der Fettgehalt im Käse ohne Wasser wäre. Da Käse je nach Sorte aber eine ganze Menge Flüssigkeit enthält, hat er meist deutlich weniger Fett als in der angegebenen Trockenmasse:

- Hartkäse (z. B. Emmentaler) hat 45 % Fett i. Tr., enthält absolut pro 100 g Käse aber ca. 32 g Fett.
- Schnittkäse (z. B. Gouda) mit 30 % Fett i. Tr. hat ca. 18 g Fett je 100 g.
- Quark mit 20 % Fett i. Tr. enthält ca. 6 g Fett je 100 g.

Die Milch macht's

Milch und Milchprodukte enthalten vor allem viel Kalzium – ganz wichtig für das Knochenwachstum von Kindern. Was sie davon bis zum Ende ihrer Schulzeit eingelagert haben, ist die Reserve für den Rest ihres Lebens:

- Kindergartenkinder brauchen etwa 600 mg Kalzium täglich. Das entspricht in etwa 1/2 l Milch, 500 g Joghurt oder 100 g Camembert.
- Schulkinder brauchen etwa 1000 mg Kalzium pro Tag (das sind 850 ml Milch oder Joghurt).

Kombinieren Sie Milch und Obst – das gibt den perfekten Vitamin-Kalzium-Mix

Was tun bei Allergie?

Immer mehr Kinder leiden an einer Milchallergie (Laktoseintoleranz), sie vertragen den enthaltenen Milchzucker nicht. Ihnen fehlt das Enzym Laktase, das für die Verdauung des Milchzuckers zuständig ist. Gelangt dieser unverarbeitet in den Dickdarm, wird er von Darmbakterien zerlegt und es entstehen Gase, die zu Blähungen, Bauchkrämpfen oder Durchfall führen können.

In diesem Fall decken Sie den Eiweiß- und Kalziumbedarf Ihres Kindes am besten mit Sojamilch, Sojajoghurt oder Mandelmilch aus dem Reformhaus. Dort finden Sie auch laktosefreie Milch, Käse und Joghurt sowie eine Produktliste für Allergiker.

Wie lange bleibt Milch frisch?

Frischmilch ist nur pasteurisiert und muss deshalb im Kühlschrank aufbewahrt werden. Man sollte sie innerhalb von vier bis sechs Tagen aufbrauchen.

Ultrahocherhitzte H-Milch braucht in der geschlossenen Packung nicht gekühlt zu werden und hält sich einige Monate. Ist sie einmal geöffnet, muss sie allerdings auch in den Kühlschrank und ist dort noch maximal sechs Tage haltbar. Dass H-Milch verdorben ist, lässt sich anfangs weder am Geruch noch am Aussehen feststellen, lediglich am leicht bitteren Geschmack.

Selbst gemacht schmeckt's besser!

1 Machen Sie mit Ihrem Kind mal Joghurt selbst: 1 Liter Milch erhitzen, bis sie fast (!) kocht. Etwa 10 Minuten abkühlen lassen. Danach 1 Becher Naturjoghurt zugeben und gut verrühren. In eine Thermoskanne füllen und über Nacht stehen lassen.

2 Fertiger Fruchtjoghurt und -quark enthält meist viele künstliche Aromastoffe und reichlich Zucker. Mischen Sie deshalb lieber einem Naturjoghurt oder Quark selbst ein paar frische (oder auch tiefgekühlte) Früchte unter.

3 Auch aus Milch, Dickmilch oder Buttermilch lässt sich mit süßen Früchten schnell ein Mixgetränk zubereiten, das besser schmeckt und viel gesünder ist als gekaufte Varianten.

Guten-Morgen-Müsli

Ein Müsli ist ideal für einen guten Start in den Tag. Mit viel frischem Obst, Milch oder Joghurt lässt es sich in vielen leckeren Varianten zubereiten. Fertigmüslis, vor allem die Knuspervarianten, enthalten oft viel Zucker, deshalb stellen Sie sich als Wochenvorrat Ihre Lieblingsmischung am besten selbst zusammen und bewahren Sie sie in einer gut verschließbaren Dose auf.

Für 1 Portion

- 2 EL zarte Vollkornhaferflocken
- 1 EL Hirseflocken
- 150 ml Milch
- 1/2 Apfel
- 1/2 Banane
- 1 TL geriebene Nüsse
- 1 TL Sonnenblumenkerne
- 1 TL flüssiger Honig

1 Die Hafer- und Hirseflocken in eine Müslischüssel geben, die Milch dazugießen.

2 Den Apfel waschen und in das Müsli reiben. Die Banane in dünne Scheiben schneiden und ebenfalls dazugeben. Nüsse und Sonnenblumenkerne untermischen, mit Honig süßen und servieren.

Pro Portion: 408 kcal (14 g E, 58 g KH, 13 g F)

Tipp

Für ein Knusper-Müsli erhitzen Sie in einer Pfanne etwas Öl und Honig, geben die Flocken-Nuss-Kerne-Mischung hinein und rösten sie unter ständigem Rühren ca. 5 Minuten goldbraun. Aufpassen, dass die Mischung nicht zu dunkel wird, sonst schmeckt sie bitter.

So schmeckt's auch

Nicht nur bei den Getreideflocken können Sie variieren – nehmen Sie auch mal Dinkelflocken oder aufgepufften Amarant – sondern auch bei den anderen Zutaten lässt sich nach Saison und Vorliebe kombinieren:

- Schneiden Sie statt frischem Obst ungeschwefelte Trockenfrüchte ins Müsli.
- Tauschen Sie die Milch teilweise oder ganz gegen Dickmilch oder Joghurt aus.
- Anstelle von Honig kann man das Müsli auch mit Ahornsirup oder Birnendicksaft süßen.

Für den Start in den Tag

Frühstücks-Kakao

Für Müsli-Muffel gibt es die morgendliche Milchration als heißes Getränk.

Für 1 Portion

1 TL Kakaopulver   200 ml Milch
1 TL Vanillezucker

1 Das Kakaopulver mit Vanillezucker mischen und mit 3 EL Milch verrühren.

2 Die restliche Milch aufkochen, das angerührte Kakaopulver einrühren und in eine Tasse gießen. Evtl. mit etwas aufgeschäumter Milch servieren.

Pro Portion: 149 kcal (8 g E, 10 g KH, 9 g F)

Tipp
Instant-Kakao enthält meist viel Zucker, Aroma- und Zusatzstoffe, deshalb sollten Sie ihn lieber selbst aus reinem Kakaopulver kochen.

Heiße Schokolade

Für 1 Portion

200 ml Milch   20 g Zartbitterschokolade

1 Die Milch erhitzen. Die Schokolade in Stückchen brechen und unter Rühren in der heißen Milch auflösen.

Pro Portion: 235 kcal (8 g E, 18 g KH, 15 g F)

Latte macchiato

Für 1 Portion

200 ml fettarme Milch   50 ml Malz- oder
etwas Kakaopulver   Getreidekaffee

1 Die Milch erhitzen, aber nicht kochen lassen. Mit einem Milchschäumer oder Pürierstab schaumig schlagen. In ein Glas gießen und mit Malz- oder Getreidekaffee auffüllen. Mit Kakaopulver bestäuben.

Pro Portion: 98 kcal (7 g E, 10 g KH, 3 g F)

Fruchtige Muntermacher

Unsere Frühstück-Power-Drinks sind ideal, wenn der Hunger morgens mal nicht so groß ist, und eine prima Alternative zur heißen Schokolade.

Müsli-Drink

Für 1 Portion

1/2 Birne
2 EL Brombeeren
1 EL schwarzer Johannisbeersaft
1 EL Müsliflocken
150 ml Buttermilch
1 TL Birnendicksaft (Reformhaus)

1 Die Birne schälen, das Fruchtfleisch in Stücke schneiden. Die Beeren verlesen und waschen.

2 Birnenstücke und Beeren mit Johannisbeersaft und Müsliflocken im Mixer oder mit dem Mixstab pürieren, die Buttermilch und den Birnendicksaft dazugeben, nochmal durchmixen und in ein Glas füllen.

Pro Portion: 182 kcal (8 g E, 35 g KH, 1 g F)

Mango-Mix

Für 1 Portion

80 g Mango-Fruchtfleisch
100 g Joghurt
100 ml Mineralwasser

1 Die Mango schälen und das Fruchtfleisch vom Kern lösen. Klein schneiden, mit dem Joghurt in einen hohen Rührbecher geben und mit einem Mixstab pürieren. In ein Glas füllen, mit Mineralwasser aufgießen.

Pro Portion: 115 kcal (4 g E, 15 g KH, 4 g F)

So schmeckt's auch
Vermischen Sie das Mango-Fruchtfleisch mit einem Spritzer Zitronensaft und 150 ml Buttermilch.

Für den Start in den Tag

Bananenmilch

Für 1 Portion

1 kleine Banane
200 ml Milch
1/2 TL Vanillezucker

1 Die Banane schälen und klein schneiden. Mit der Milch und dem Vanillezucker im Mixer pürieren.

Pro Portion: 212 kcal (8 g E, 28 g KH, 7 g F)

So schmeckt's auch

Der Milchmix lässt sich natürlich auch mit allen anderen süßen Früchten, auch mit tiefgekühlten, zubereiten.

Vitamin-Shake

Für 1 Portion

1 kleine Banane
1 Orange
3 EL Karottensaft
100 ml Milch
50 g Naturjoghurt
1 EL Weizenkeime (Reformhaus)

1 Die Banane schälen und in Stücke schneiden, die Orange auspressen. Mit Karottensaft, Milch und Joghurt im Mixer oder mit dem Mixstab pürieren. Die Weizenkeime zugeben, nochmal kurz durchmixen und in ein Glas füllen.

Pro Portion: 310 kcal (12 g E, 47 g KH, 7 g F)

Power plus Weizenkeime sind kleine Fitmacher und füllen die Energiereserven mit vielen wichtigen Vitaminen und Mineralstoffen wieder auf. Das Lecithin, das in den nussig schmeckenden Keimen steckt, steigert die Gedächtnisleistung.

Leckere Streich-Einheiten

Unsere schnell gerührten Cremes sind eine prima Alternative zu fertigen Nuss-Nougat-Cremes und Brotaufstrichen, die viel Zucker, Fett, Aroma- und Zusatzstoffe enthalten.

Avocadocreme

Für 4 Portionen

1 reife Avocado
150 g fettarmer Joghurt
1 Tomate

1 kleines Bund Schnittlauch
Meersalz, Pfeffer

1 Die Avocado halbieren, das Fruchtfleisch herauslösen und mit einer Gabel zerdrücken. Mit dem Joghurt glatt rühren. Die Tomate waschen und klein würfeln. Den Schnittlauch waschen, trockenschütteln und in feine Röllchen schneiden.

2 Die Avocadocreme mit Tomatenwürfeln und Schnittlauch verrühren, mit Salz und Pfeffer abschmecken.

Pro Portion: 95 kcal (3 g E, 3 g KH, 8 g F)

Käse-Nuss-Aufstrich

Für 4 Portionen

150 g Frischkäse (20 % Fett)
50 g fettarmer Joghurt
1 EL gehackte
   Haselnusskerne

1 EL gehackte Kräuter
etwas Zitronensaft
Meersalz, Pfeffer

1 Den Frischkäse mit Joghurt glatt rühren. Haselnusskerne und Kräuter untermischen. Mit Zitronensaft, Salz und Pfeffer abschmecken.

Pro Portion: 100 kcal (5 g E, 4 g KH, 7 g F)

Bananenquark

Für 4 Portionen

1 Banane
150 g Magerquark
1 EL Kokosflocken oder gemahlene Haselnusskerne

etwas Zitronensaft
1 TL Honig

1 Die Banane schälen, in Stücke schneiden und mit dem Quark pürieren. Kokosflocken oder Haselnüsse dazugeben und mit etwas Zitronensaft und Honig abschmecken.

Pro Portion: 86 kcal (6 g E, 10 g KH, 3 g F)

Tipp

Wenn es ganz schnell gehen soll: Einfach etwas Magerquark und Fruchtaufstrich (Reformhaus), der einen hohen Fruchtanteil hat und mit Apfel- oder Birnendicksaft gesüßt ist, aufs Brötchen streichen.

Für den Start in den Tag

Apfel-Nuss-Brötchen

Für ca. 12 Brötchen

40 g Hefe	1/2 TL Zucker
350 ml Wasser	etwas Meersalz
600 g Weizenvollkornmehl	8 Haselnüsse
oder Dinkelmehl	2 Äpfel

1 Die Hefe in etwas lauwarmem Wasser auflösen, mit 3 EL Mehl, Zucker und Salz verrühren und zugedeckt an einem warmen Ort 20 Minuten gehen lassen.

2 Restliches Mehl und Wasser einarbeiten und gut durchkneten. Zugedeckt 20 Minuten ruhen lassen. Die Haselnüsse grob hacken.

3 Den Backofen auf 220 °C vorheizen und auf den Rost auf die unterste Schiene eine feuerfeste Schale mit Wasser stellen.

4 Die Äpfel schälen und in kleine Stücke schneiden. Den Teig nochmal kurz durchkneten, eine Rolle formen und in Stücke teilen. Jedes Stück zu einer Kugel formen, Apfelstückchen und Nüsse einkneten.

5 Die Brötchen auf ein mit Backpapier ausgelegtes Blech legen und zugedeckt 10 Minuten gehen lassen. Im Ofen ca. 15–20 Minuten backen.

Pro Stück: 189 kcal (8 g E, 33 g KH, 3 g F)

Nuss-Schoko-Creme

Für ca. 15 Portionen

100 g Haselnuss-Mus	1 EL Honig
(Reformhaus)	1 Prise Meersalz
50 g Butter	1 Msp. gemahlene Vanille
3 TL Kakao	

1 Das Haselnuss-Mus in einen Rührbecher geben und mit den übrigen Zutaten mit dem Mixstab zu einer homogenen Masse verarbeiten. Mit etwas Meersalz und Vanille abschmecken.

Pro Portion: 72 kcal (2 g E, 2 g KH, 6 g F)

Tipp

Die Nusscreme hält sich in einem Schraubglas im Kühlschrank mindestens 1 Woche.

Sonntags-Frühstück

Wochenende: Zeit für ein besonderes und ausgiebiges Frühstück mit frisch gepresstem Obstsaft, heißer Schokolade, einer Eierspeise und leckeren Pancakes.

Blaubeer-Pancakes

Für 4 Personen

2 Eier	200 g Weizenvollkornmehl
2 EL Zucker	2 TL Backpulver
1 Prise Meersalz	200 g Blaubeeren
ca. 250 ml Milch	1 EL Butterschmalz
(1,5 % Fett)	etwas Ahornsirup

1 Eier, Zucker und Salz in einer Schüssel gut verrühren. Die Milch dazugeben und langsam das mit Backpulver vermengte Mehl unterrühren, bis ein glatter Teig entsteht. Die Blaubeeren waschen und ebenfalls untermischen.

2 In einer beschichteten Pfanne mit wenig Fett kleine Pancakes ausbacken und im Backofen (bei 60 °C) warm stellen, bis alle fertig sind.

3 Die Pancakes mit etwas Ahornsirup beträufeln und servieren.

Pro Stück: 319 kcal (12 g E, 46 g KH, 9 g F)

So schmeckt's auch

Die Pancakes sind auch mit anderem Obst (z. B. mit Bananenscheiben, dünnen Apfel- oder Birnenscheiben) oder auch solo, nur mit Ahornsirup, sehr lecker.

Für den Start in den Tag

Rührei in der Schale

Für eine Portion

1 Ei
1 EL Milch
Meersalz, Pfeffer
Butter
etwas Kresse

1 Das Ei sehr vorsichtig aufschlagen und in eine kleine Schüssel geben. Die Eierschale auswaschen. Ei, Milch, Salz und Pfeffer mit einer Gabel kurz verquirlen.

2 Die Butter in einer Pfanne zerlassen. Die Eimasse dazugeben und unter Rühren stocken lassen.

3 In der ausgewaschenen Eierschalenhälfte anrichten und etwas Kresse darüberstreuen.

Pro Portion: 126 kcal (8 g E, 1 g KH, 9 g F)

So schmeckt's auch

Sie können das Rührei auch noch mit weiteren Zutaten aufpeppen:
- Einige Tomatenwürfel mit dem Ei in die Pfanne geben.
- 1 TL geriebenen Käse (z. B. Gouda) und/oder gekochte Schinkenwürfelchen untermischen.
- Einen Champignon in Scheiben schneiden und kurz in der Pfanne anbraten, die Eimasse dazugeben.

Müsli-Muffins

Für ca. 12 Stück

100 g Müsliflocken
75 g Weizenvollkornmehl
150 g Weizenmehl
2 TL Backpulver
60 g brauner Zucker
etwas Zimt
60 g gehackte Haselnüsse
60 g Rosinen
2 Eier
250 ml Milch
80 g zerlassene Butter
12 Muffinförmchen

1 Den Backofen auf 200 °C vorheizen. Müsliflocken in einer beschichteten Pfanne ohne Fett anrösten und abkühlen lassen.

2 Mehl, Backpulver, Müsliflocken, Zucker, Zimt, Haselnüsse und Rosinen in einer Schüssel vermischen und eine Mulde in die Mitte drücken.

3 Eier und Milch verquirlen, mit der zerlassenen Butter in die Mulde gießen und kurz verrühren.

4 Den Teig in die Papierförmchen oder in das Muffinblech füllen und auf der mittleren Schiene des Backofens ca. 20 Minuten hellbraun backen.

Pro Stück: 238 kcal (6 g E, 29 g KH, 11 g F)

31

Leckere Pausensnacks

Ein Schultag ist lange und Konzentration gefragt. Um durchzuhalten und bei Laune zu bleiben, braucht Ihr Kind das richtige Pausenbrot. Unsere knackigen und abwechslungsreichen Power-Snacks bleiben ganz bestimmt nicht eingewickelt im Schulranzen liegen!

Extra — Unser täglich Brot

Brot zählt neben Obst und Gemüse zu den wichtigsten Grundnahrungsmitteln, die den Körper mit wertvollen Kohlenhydraten versorgen, die Kinder lange satt und fit machen. Vorausgesetzt natürlich, es handelt sich um Vollkorn- und keine so genannten Weißmehlprodukte wie Toastbrot oder Baguette.

In Deutschland gibt es mehr als 300 unterschiedliche Brotsorten. Die Grundzutaten sind immer die gleichen: Getreide – meist Weizen- oder Roggenmehl –, Wasser und Salz sowie Sauerteig oder Hefe. Den eigentlichen Unterschied machen die weiteren Zutaten und die Art der Zubereitung aus.

Volles Korn

Am besten ist, Sie gewöhnen Ihr Kind schon früh an den Geschmack von Vollkornbrot. Denn die wertvollsten Nährstoffe sind im Keimling und in den Randschichten des Getreidekorns. Bei der Verarbeitung des Korns zu Weißmehl werden die äußeren Schichten und damit viele wertvolle Stoffe entfernt. Vollkornbrot enthält also nicht nur mehr Ballaststoffe, sondern auch reichlich B-Vitamine, Spurenelemente und Mineralstoffe. Und noch ein Vorteil: Vollkornbrot bleibt etwa doppelt so lange frisch und saftig.

Ist Ihrem Kind Vollkorn zu grobkörnig? Kein Problem, denn es gibt mittlerweile auch eine breite Palette an Produkten aus fein gemahlenem Vollkornmehl zu kaufen.

Vollkornwechsel

Hat Ihr Kind bisher nur Weißbrot gegessen, sollte die Umstellung auf Vollkornprodukte langsam erfolgen, damit sich nicht nur Ihr Kind, sondern vor allem die Verdauungsorgane langsam an die Mehrarbeit gewöhnen können. Ganz wichtig dabei: Gut kauen und reichlich dazu trinken!

Backwaren aus hellem Vollkornmehl wie Kamut (Reformhaus) oder Dinkel sind wegen ihrer leichten Bekömmlichkeit ideal für Umsteiger.

Keine brotlose Kunst

Wer sein Brot selbst bäckt, kann ganz sicher sein, dass es keine unerwünschten Lebensmittelzusätze enthält. Backen Sie doch einmal gemeinsam mit Ihrem Kind und lassen Sie es entscheiden, welche Kerne oder Nüsse es zum Beispiel unter den Teig mischen möchte.

Zusatzstoffe im Brot

Das Deutsche Lebensmittelgesetz erlaubt eine ganze Menge von Zusatzstoffen, wie Emulgatoren, Mehlbehandlungsmittel und Konservierungsstoffe. Sie vergrößern das Volumen der Backwaren, halten sie länger frisch und verhindern Schimmelbildung. Nicht alle dieser Zusatzstoffe sind gesundheitlich unbedenklich, einige können Allergien auslösen. Deshalb:

- Fragen Sie Ihren Bäcker nach den Zutaten und Inhaltsstoffen der Backwaren.
- Kaufen Sie Brot beim Biobäcker (Reformhaus, Bioladen).
- Bei abgepacktem Brot (z. B. Toastbrot) achten Sie darauf, dass es keine Konservierungs- und Zusatzstoffe enthält.

Kinderleichtes Brot

500 g Vollkornmehl
500 ml Wasser
1/2 Tasse Sonnenblumenkerne,
   Sesam, Kürbiskerne
2 TL Meersalz
1/2 Würfel Hefe
2 EL Obst- oder Apfelessig
1/2 TL gemahlene Brotwürze

1 Die Hefe in lauwarmem Wasser auflösen.

2 Alle Zutaten in der Küchenmaschine oder mit dem Handmixer verrühren. Der flüssige Teig, der dabei entsteht, muss nicht geknetet werden und muss auch nicht gehen.

3 Den Teig in eine gefettete und mit Sesam ausgestreute Kastenform einfüllen und bei 200 °C (Heißluft 180 °C) ca. 75 Minuten backen.

Von Vollkornbrot darf sich Ihr Kind gerne eine Scheibe abschneiden

So bleibt Brot frisch

Frisches Brot hält sich etwa eine Woche. Am besten bewahren Sie es in einem luftdurchlässigen, geschlossenen Behälter auf. Brot lässt sich auch prima für etwa zwei Monate einfrieren.

Bei Schimmel sollten Sie stets das ganze Brot wegwerfen, da sich das krebserregende Schimmelpilzgift Aflatoxin bereits überall verteilt haben kann, ohne dass dies zu erkennen ist.

Getreide-Vielfalt

1 Weizen ist hier zu Lande die am weitesten verbreitete Getreideart. Weichweizen eignet sich besonders gut zum Backen, weil sich daraus leichte und lockere Brote herstellen lassen.

2 Roggen ist das zweitwichtigste Brotgetreide und tritt meist gemischt mit Weizen als Roggenmischbrot auf. Aus Roggenvollkornschrot werden die kernigen „Schwarzbrote" hergestellt.

3 Dinkel, eine Urform des heutigen Weizens, eignet sich besonders gut zum Backen. Dinkelbrot bleibt länger frisch und ist auch für einen empfindlichen Magen gut bekömmlich.

4 Kamut ist ein Vorfahr des heutigen Hartweizens. Brot und Backwaren aus Kamut bleiben lange frisch und zeichnen sich durch nussig-süßliches Aroma und lockere Konsistenz aus.

Die besten Ideen fürs Pausenbrot

Brot, Obst und Gemüse, Milchprodukte und ein Getränk – damit ist Ihr Kind für den Vormittag in der Schule bestens versorgt. Vor allem für Frühstücksmuffel ist das Pausenbrot als Energieschub besonders wichtig.

- Beim Brot sollten Sie dunkle Sorten bevorzugen, denn Vollkornbrötchen halten länger satt und liefern reichlich Mineralstoffe und Vitamine. Zum „Einschleichen" für Vollkornmuffel gibt es Schwarz-Weiß-Schnitten: Eine Scheibe Vollkornbrot mit einer Scheibe Weizen- oder hellem Mischbrot kombiniert.

- Abwechslung ist angesagt. Vegetarische Brotaufstriche (Reformhaus) sind eine gesunde Alternative zu Wurst und Käse. Achten Sie beim Belag auf fettarme Varianten, denn Wurst und Milchprodukte enthalten viele versteckte Fette. Bunte Gemüsestreifen bringen Vitamine und frischen Geschmack.

- Obst ist immer dabei: Apfel, Banane oder was die Saison sonst so bietet, als ganze Früchte oder gemischte Fruchtspieße.

- Milchprodukte sollten mindestens jeden zweiten Tag eingepackt werden: z. B. Joghurt oder Quark.

- Süßes darf auch sein: Fruchtschnitten (Reformhaus) und Vollkornkekse sind gesunde Alternativen zum Schokoriegel.

- Als süßer Power-Snack mit vielen Mineralstoffen sind ungeschwefelte Trockenfrüchte, die schnelle Energie liefern, ganz prima. Und zum Knabbern – für die bessere Konzentration und für starke Nerven – ein paar Nüsse.

- Nicht vergessen: Eine Trinkflasche mit Saftschorle (besser als Limo!), Mineralwasser oder mit Früchte- oder Kräutertee muss immer dabei sein.

Leckere Pausensnacks

Müsliriegel

Für ca. 15 Stück

100 g Soft-Aprikosen (Reformhaus)
150 g Nüsse (Mandeln, Cashewkerne, Macadamianüsse)
50 g Sonnenblumenkerne
40 g gepuffter Amarant (Reformhaus)
100 g Dinkelflakes
100 g Butter
80 g Honig
1 Prise Meersalz
2 EL Fruchtaufstrich Aprikose

1 Die Aprikosen in kleine Stücke schneiden, Nüsse und Sonnenblumenkerne hacken. Alles mit Amarant und Dinkelflakes mischen.

2 Butter mit Honig und einer Prise Salz in einem Topf bei schwacher Hitze zerlassen, dabei umrühren. Die vorbereiteten Zutaten untermengen und etwas abkühlen lassen.

3 Ein Backblech mit Backpapier auslegen, die Masse ca. 1 cm dick darauf ausrollen. In den kalten Ofen schieben und bei 150 °C ca. 30 Minuten backen. Nach der Hälfte der Backzeit die Masse mit dem Fruchtaufstrich bestreichen.

4 Aus dem Ofen nehmen, erkalten lassen und in Riegel schneiden.

Pro Stück: 195 kcal (5 g E, 17 g KH, 12 g F)

Bananenbrötchen

Für 1 Portion

50 g Magerquark
1 TL Ahornsirup oder Birnendicksaft
1 kleine Banane
etwas Zitronensaft
1 Vollkorn- oder Müslibrötchen
2 Haselnüsse

1 Den Quark mit Ahornsirup oder Birnendicksaft glatt rühren. Die Banane schälen und in Scheiben schneiden. Mit Zitronensaft beträufeln.

2 Das Brötchen quer halbieren, die untere Hälfte mit Quark bestreichen und mit den Bananenscheiben belegen. Die Haselnüsse grob hacken und darüberstreuen. Die obere Brötchenhälfte darauflegen.

Pro Portion: 358 kcal (11 g E, 43 g KH, 4 g F)

Schnell gekocht für mittags und abends

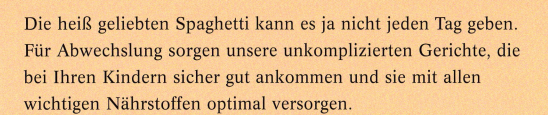

Die heiß geliebten Spaghetti kann es ja nicht jeden Tag geben. Für Abwechslung sorgen unsere unkomplizierten Gerichte, die bei Ihren Kindern sicher gut ankommen und sie mit allen wichtigen Nährstoffen optimal versorgen.

Extra Obst & Gemüse

Ob Äpfel, Birnen, Möhren, Tomaten oder Salat – Obst und Gemüse sind einfach unschlagbar gesund. Und Ihr Kind darf davon essen, so viel es nur mag. Denn die Deutsche Gesellschaft für Ernährung rät, mindestens fünfmal am Tag eine kleine Portion Obst und Gemüse zu essen.

Experten empfehlen: Etwa 35 Prozent der kindlichen Ernährung sollte durch Obst und Gemüse gedeckt werden. Das entspricht in etwa fünf Portionen, die über den Tag verteilt gegessen werden. Eine Portion sollte jeweils in eine Kinderhand passen. Also zum Beispiel ein Apfel, eine Möhre, eine Banane oder fünf Erdbeeren. Eine Portion davon kann auch in flüssiger Form, als Obst- oder Gemüsesaft getrunken werden.

Kunterbunt ist gesund

Man weiß heute, dass reichlich Obst und Gemüse das Risiko, im Erwachsenenalter an Krebs zu erkranken, verringern können. Das liegt an den sekundären Pflanzenfarbstoffen, die der Paprika ihre rote, der Möhre ihre gelbe oder dem Brokkoli seine grüne Farbe verleihen und den Körper vor Schadstoffen und vor Krankheiten schützen.

Fakt ist: Obst und Gemüse sind das Beste, was Sie Ihrem Kind geben können, denn sie enthalten jede Menge gesunde Nährstoffe, Vitamine, Mineral- und Ballaststoffe. Und sie sind ideale Sattmacher. Sie enthalten wenig Kalorien und bei fettarm zubereitetem Obst und Gemüse können auch „pfundige" Kinder unbesorgt zugreifen.

Sorgen Sie für Abwechslung

Bieten Sie Ihrem Kind neben den Gemüseklassikern wie Tomaten, Gurke und Spinat doch auch einmal Fenchel, Kohlrabi oder Kürbis an. Bei Obst ist die Auswahl noch reichhaltiger. Gehen Sie mit Ihrem Kind auf den Markt und lassen Sie es entscheiden, welche Sorten es gerne probieren möchte.

Tipps für Gemüsemuffel

Ihr Kind mag einfach kein Gemüse? Manchmal hilft es schon, das „gesunde" Essen appetitlich anzurichten, es zu bunten Spießchen zu verarbeiten oder als Rohkost-Sticks mit Dip anzubieten.

Und wenn das auch nicht klappt, „tarnen" Sie das Gemüse: Schnippeln Sie es ganz klein und verstecken Sie es in einer Tomatensauce. Mit Pasta,

Frisch oder tiefgefroren?

Direkt nach der Ernte enthält Gemüse die meisten Nährstoffe. Je länger es aber gelagert wird, desto mehr Vitamine und Mineralstoffe gehen verloren. Trotzdem müssen Sie nicht täglich frisches Obst und Gemüse kaufen. Tiefgekühlte Ware ist oftmals sogar gesünder als falsch oder zu lange gelagerte Supermarktware. Denn das Obst und Gemüse wird gleich nach der Ernte schockgefrostet und enthält deshalb noch fast alle Nährstoffe. Bei Dosengemüse, das erhitzt wird, ist der Verlust allerdings etwas höher.

Auf gute Nachbarschaft

Einige Obst- und Gemüsesorten verströmen reichlich Ethylen, sodass daneben liegendes Obst schneller reift.

Deshalb keine Äpfel, Aprikosen, Avocados, Birnen, Melonen, Feigen, Nektarinen, Papayas, Pfirsiche und Pflaumen neben Ethylen-empfindlichen Sorten wie Kiwis, Brokkoli, Honigmelone, Kohl, Blumenkohl, Rosenkohl oder Mangos lagern.

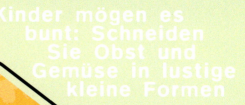

Kinder mögen es bunt: Schneiden Sie Obst und Gemüse in lustige kleine Formen

Reis oder Kartoffelbrei wird Ihr Kind es ganz bestimmt liebend gern essen.

Meist mögen Kinder Obst – weil es weich und süß ist – viel lieber als Gemüse. Ein kleiner Trick: Kombinieren Sie beides.

- Mischen Sie z. B. unter Salat ein paar Weintrauben, Orangen- oder Apfelscheiben.
- Raspeln Sie Möhre und Apfel zusammen für eine leckere Rohkost.

Richtig lagern

Obst und Gemüse bewahren Sie am besten an einem dunklen, kühlen Ort auf. Je dicker die Schale – sie schützt das Innere vor dem Austrocknen oder Verfaulen –, desto haltbarer das Obst bzw. Gemüse.

Haben sich Druckstellen gebildet, sollten Sie das betreffende Exemplar am besten gleich aufessen, denn ist die Schale einmal verletzt, haben Fäulnis- oder Schimmelbakterien freie Bahn.

Schön gesund

1 Machen Sie aus Obst oder Gemüse auf einem Teller oder auf einer mit Frischkäse bestrichenen Brotscheibe Gesichter: Kiwi-Augen, Erdbeer-Nase und Bananen-Mund. Ihrer Phantasie sind keine Grenzen gesetzt.

2 Ordnen Sie Apfel-, Birnen- oder Orangenschnitze auf einem Teller wie Blütenblätter an. Legen Sie die Blütenmitte z. B. mit Kiwi- oder Bananenscheiben aus.

3 Aus Zucchini, Möhren, Gurken oder Käsescheiben lassen sich mit Keksförmchen lustige Figuren ausstechen. So können Sie Brote, Nudeln oder eine Suppe mit „gesunden" Blumen, Herzen oder Tieren garnieren.

4 Pürieren Sie geschältes Obst mit dem Mixstab. Streichen Sie Joghurt auf einen Teller, verteilen Sie das Obstpüree darauf und zeichnen Sie mit einer Gabel Muster und Motive hinein.

ABC-Suppe mit Grünkern

Für 4 Personen

500 g Gemüse (z. B. Möhren, Lauch, Sellerie, Erbsen)
1 Zwiebel
2 EL Rapskernöl
4 EL Grünkernschrot
800 ml Gemüsebrühe
1 EL Tomatenmark
80 g Buchstabennudeln

1 Gemüse waschen, putzen oder schälen und klein schneiden. Öl in einem Topf erhitzen und das Gemüse 5 Minuten andünsten. Grünkern dazugeben, 2–3 Minuten mitrösten.

2 Mit der Gemüsebrühe auffüllen, das Tomatenmark einrühren und aufkochen lassen. Nach 5 Minuten die Nudeln dazugeben und weitere 5 Minuten kochen lassen.

Pro Portion: 221 kcal (4 g E, 32 g KH, 8 g F)

Power plus Die Mischung macht's! Voll gepackt mit B-Vitaminen, Beta-Carotin und Vitamin C, einer guten Portion Eisen, Kalzium und Magnesium ist diese Gemüsesuppe das Beste, was Sie Ihrem Kind bieten können.

Kürbissuppe

Für 4 Personen

1 Zwiebel
500 g Kürbis
1 Kartoffel
1 EL Rapskernöl
700 ml Gemüsebrühe
2 EL Schmand
Salz, Pfeffer, Muskat
2 Scheiben Vollkorntoast
2 EL Kürbiskerne

1 Die Zwiebel schälen und fein würfeln. Kürbis schälen, entkernen und in Würfel schneiden. Die Kartoffel ebenfalls schälen und würfeln.

2 Das Öl in einem Topf erhitzen, Zwiebel, Kürbis und Kartoffelwürfel darin andünsten. Die Brühe angießen und ca. 20 Minuten köcheln lassen.

3 Die Suppe pürieren, den Schmand unterrühren und mit Salz, Pfeffer und Muskat abschmecken.

4 Die Brotscheiben toasten und würfeln. Die Kürbiskerne in einer Pfanne ohne Fett rösten. Die Suppe anrichten und mit Brotwürfeln und Kürbiskernen servieren.

Pro Portion: 201 kcal (7 g E, 21 g KH, 9 g F)

Schnell gekocht

Tomatensuppe mit Apfel und Reis

Für 4 Personen

800 g Tomaten	1 EL Mehl
1 Zwiebel	3/4 l Gemüsebrühe
1 Apfel	Meersalz, Pfeffer
1 EL Butter	1 Tasse gekochter Reis

1 Die Tomaten kurz in kochendes Wasser geben, häuten und in Stücke schneiden. Die Zwiebel schälen und würfeln. Den Apfel schälen und in kleine Stücke schneiden.

2 In einem Topf die Butter zergehen lassen, die Zwiebelwürfel darin anschwitzen. Die Tomaten- und die Apfelstücke dazugeben, mit Mehl bestäuben und kurz andünsten. Mit Gemüsebrühe aufgießen und ca. 15 Minuten köcheln lassen.

3 Die Suppe mit dem Mixstab pürieren, mit Salz und Pfeffer abschmecken und mit dem gekochten Reis als Einlage servieren.

Pro Portion: 172 kcal
(5 g E, 28 g KH, 4 g F)

Tomaten aus der Dose?

Eine prima Alternative zu Treibhaustomaten ohne viel Geschmack sind vor allem im Winter Tomaten aus der Dose oder aus dem Glas, die in ihrer Heimat vollreif geerntet wurden.

- Aus ihnen lässt sich im Handumdrehen eine schnelle Pastasauce, eine Suppe oder ein Pizzabelag zaubern.
- Außerdem sind sie gesund. In erhitzten Tomaten-Produkten steckt viel mehr vom wertvollen Pflanzenfarbstoff Lycopin als in frischen Tomaten. Der sekundäre Pflanzenfarbstoff schützt die Zellen vor dem Angriff freier Radikale, stärkt das Immunsystem und hat eine krebsvorbeugende Wirkung.

Kartoffel-Cappuccino

Für 4 Personen

500 g Kartoffeln
50 g Lauch
1 kleine Zwiebel
1 EL Butter
800 ml Gemüsebrühe
2 EL Schmand
Meersalz, Pfeffer, Muskat
100 ml fettarme Milch
1 kleines Bund Schnittlauch

1 Die Kartoffeln schälen und würfeln. Lauch putzen, waschen, in kleine Würfel schneiden. Zwiebel schälen und fein würfeln.

2 Butter in einem Topf erhitzen, Kartoffeln, Lauch und Zwiebel dazugeben und kurz anschwitzen. Gemüsebrühe angießen und bei mäßiger Hitze ca. 15 Minuten köcheln lassen. Mit dem Mixstab pürieren, Schmand unterrühren und mit Salz, Pfeffer und Muskat abschmecken.

3 Die Milch erhitzen und schaumig schlagen. Die Suppe mit Milchschaum in Tassen anrichten, mit Schnittlauch-Röllchen bestreuen.

Pro Portion: 170 kcal (6 g E, 22 g KH, 6 g F)

Tolle Knolle

Von außen eher unscheinbar, überzeugen Kartoffeln durch ihre inneren Werte. Unter ihrer dünnen Schale stecken jede Menge wertvolle Inhaltsstoffe:

- wichtige Mineralstoffe wie Kalium, Kalzium und Eisen
- und vor allem viel Vitamin C.

Kartoffeln sind ideale Sattmacher für Kinder, weil sie Kohlenhydrate enthalten, die ganz langsam verdaut werden und so länger sättigen.

Schnell gekocht

Möhren-Orangen-Suppe

Für 4 Personen

500 g Möhren	1 EL Rapskernöl
1 kleine Zwiebel	800 ml Gemüsebrühe
etwas frischer Ingwer	4 EL Schmand
3 Orangen	Meersalz, Pfeffer

1 Die Möhren schälen und in Scheiben schneiden. Die Zwiebel und den Ingwer schälen und fein würfeln. Die Orangen auspressen.

2 Das Öl in einem Topf erhitzen, Möhren, Zwiebel und Ingwer darin bei kleiner Hitze andünsten. Die Brühe dazugießen, aufkochen und bei kleiner Hitze ca. 15 Minuten köcheln lassen.

3 Die Suppe mit dem Mixstab pürieren, den ausgepressten Orangensaft und den Schmand unterrühren. Mit Salz und Pfeffer abschmecken und nochmals aufmixen.

Pro Portion: 167 kcal (4 g E, 18 g KH, 8 g F)

 Gesundheit löffelweise! Die Suppe überzeugt mit ihren Inhaltsstoffen: Denn eine Portion deckt nahezu den Tagesbedarf an Beta-Carotin. Der Pflanzenfarbstoff, der Möhren und Orangen ihre Farbe verleiht, ist wichtig für das Immunsystem und stärkt die Sehkraft.

So schmeckt's auch

Natürlich können Sie diese Suppe im Sommer auch eisgekühlt servieren. In diesem Fall einfach noch einen Becher Magerjoghurt mit dem Schneebesen unterrühren. Kinder lieben das.

Reissalat

Für 4 Personen

150 g Reis (parboiled)
300 ml Gemüsebrühe
1 rote Paprika
2 Tomaten
1/2 Salatgurke

1 Bund Schnittlauch
1 EL Ketchup
1/2 Zitrone
2 EL Rapskernöl
Meersalz, Pfeffer

1 Den Reis in Gemüsebrühe aufkochen und zugedeckt ca. 15 Minuten garen. Beiseite stellen und abkühlen lassen.

2 Das Gemüse waschen, putzen und klein schneiden. Den Schnittlauch in feine Röllchen schneiden.

3 In einer Schüssel Ketchup, Zitronensaft, Öl, Salz und Pfeffer zu einem Dressing verrühren. Gemüse, Schnittlauchröllchen und Reis dazugeben. Alles gut vermischen und ca. 1 Stunde durchziehen lassen.

Pro Portion: 229 kcal (4 g E, 35 g KH, 8 g F)

Tipp

Da sich Reis und auch Nudeln im Kühlschrank 2–3 Tage problemlos aufbewahren lassen, lohnt es sich, eine doppelte Portion zu kochen: für eine warme Mahlzeit und für einen Salat.

Bunter Nudelsalat

Für 4 Personen

200 g Hörnchennudeln
100 g gekochter Schinken
100 g Käse (Gouda, Emmentaler)
1 Banane
200 g TK-Gemüse (Erbsen und Karotten)

etwas glatte Petersilie
150 g Magermilchjoghurt
2 EL Salatmayonnaise
1 EL Ketchup
evtl. etwas Zitronensaft
Meersalz, Pfeffer

1 Die Nudeln in reichlich Salzwasser bissfest kochen und abtropfen lassen.

2 Schinken und Käse in kleine Würfel schneiden. Banane in Scheiben schneiden. Erbsen und Möhren in etwas Salzwasser garen. Alles in eine Schüssel geben.

Schnell gekocht

Knuspersalat

Für 4 Personen

4 Portionen Blattsalat
4 Scheiben Vollkorntoast
1 Birne
etwas glatte Petersilie
2 EL Essig

3 EL kaltgepresstes Rapskernöl (Reformhaus)
Meersalz, Pfeffer
etwas Birnendicksaft
etwas Rapsöl zum Braten

1 Salat waschen und trockenschleudern. Die Toastscheiben in kleine Würfel schneiden. Die Birne schälen, Kerngehäuse entfernen, das Fruchtfleisch würfeln. Petersilie waschen und fein hacken. Aus Essig, Öl, Salz, Pfeffer und Birnendicksaft ein Dressing anrühren.

2 In einer beschichteten Pfanne etwas Öl erhitzen, die Brötchen- und Birnenwürfel hineingeben und einige Minuten anrösten. Zum Schluss die gehackte Petersilie zugeben.

3 Den Salat auf Tellern anrichten, das Dressing darüberträufeln. Mit den Croutons garnieren.

Pro Portion: 178 kcal (3 g E, 16 g KH, 12 g F)

3 Petersilie waschen und fein hacken. Joghurt, Salatmayonnaise, Ketchup und Petersilie zu einem Dressing verrühren, evtl. mit etwas Zitronensaft abschmecken. Unter den Salat rühren und gut vermischen. Mit Salz und Pfeffer abschmecken.

Pro Portion: 409 kcal (20 g E, 49 g KH, 14 g F)

Salat

Für die meisten Kinder zählt Salat nun nicht gerade zu den Lieblingsgerichten. Versuchen Sie es deshalb mit knackigem Eisbergsalat und mischen Sie was Leckeres unter:

- knusprige Brotwürfelchen oder Nüsse
- Obststückchen (z. B. Äpfel, Orangen, Ananas)
- Kürbis- und Sonnenblumenkerne, ohne Fett 3–4 Minuten in einer Pfanne geröstet

51

Maispuffer

Für 4 Personen

150 g Dinkelmehl
1/4 l Milch
2 Eier
Meersalz
1 rote Paprika
1 Dose Maiskörner
 (280 g Abtropfgewicht)
etwas glatte Petersilie
2 EL Erdnussöl

1 Mehl, Milch, Eier und Salz zu einem Teig verrühren und ca. 30 Minuten quellen lassen.

2 Die Paprika waschen, putzen und in feine Würfelchen schneiden. Den Mais auf einem Sieb abtropfen lassen. Petersilie waschen und fein hacken. Alles unter den Teig mischen.

3 Das Öl in einer beschichteten Pfanne erhitzen. Den Teig portionsweise in die Pfanne geben, etwas flach drücken und ca. 12 Puffer ausbacken. Auf jeder Seite ca. 3–4 Minuten braten und auf Küchenpapier abtropfen lassen. Im Backofen bei 80 °C warm stellen, bis alle Puffer ausgebacken sind.

Pro Portion: 341 kcal (13 g E, 39 g KH, 15 g F)

Grünkern-Bratling

Für 4 Personen

200 g Grünkernschrot
 (Reformhaus)
400 ml Gemüsebrühe
1 Zwiebel
2 Eier
3 EL gehackte Kräuter
1 EL Sesam
Meersalz, Pfeffer
2 EL Rapskernöl

1 Den Grünkernschrot in der Brühe kurz aufkochen und ca. 15 Minuten quellen lassen. Zum Abkühlen beiseite stellen.

2 Die Zwiebel schälen und fein würfeln, unter den abgekühlten Grünkern geben. Mit Eiern, Kräutern, Sesam und Gewürzen gut vermischen.

3 Aus der Masse mit feuchten Händen kleine Bratlinge formen und in einer beschichteten Pfanne in Öl goldbraun braten.

Pro Portion: 300 kcal (10 g E, 33 g KH, 14 g F)

Grünkern

Das frühzeitig geerntete und bei hoher Temperatur getrocknete Korn des Dinkels eignet sich prima zur Herstellung vegetarischer Burger, aber auch für Suppen und Salate.

- Grünkern ist würzig im Geschmack und leicht verdaulich.
- Er ist reich an Magnesium, Eisen und Zink.

Schnell gekocht

Zucchini-Möhren-Küchlein

Für 4 Personen

300 g Zucchini	60 g feine Vollkorn-
300 g Möhren	haferflocken
2 Eier	Meersalz, Pfeffer
100 g Magerquark	3 EL Rapskernöl

1 Die Zucchini waschen, Stiel und Blütenansatz entfernen. Die Möhren schälen. Das Gemüse fein raspeln, mit Eiern, Magerquark und Haferflocken gut vermischen und mit Salz und Pfeffer würzen.

2 In einer beschichteten Pfanne etwas Öl erhitzen, die Zucchini-Möhren-Masse mit einem Löffel hineingeben und flach drücken. Die Puffer von beiden Seiten knusprig braten und auf Küchenpapier abtropfen lassen. Im Backofen bei 60 °C warm stellen, bis alle Puffer fertig sind.

Pro Portion: 255 kcal (11 g E, 15 g KH, 16 g F)

Tipp

Servieren Sie die Zucchini-Möhren-Küchlein mit einem Joghurt-Dip (Seite 94 und 101) oder mit Tomatensauce.

Power plus Eine ideale Kombination: Zucchini und Möhren liefern beide eine reichliche Menge vom Pflanzenfarbstoff Beta-Carotin. Er ist wichtig für die Augen und schützt die Haut vor gefährlichen UV-Strahlen. Am besten kann der Körper das fettlösliche Vitamin in Verbindung mit etwas Pflanzenöl verwerten.

Schlemmerfilet

Für 4 Personen

600 g Fischfilet (Seelachs, Kabeljau)
Meersalz, Pfeffer
2 EL Butter
5 EL geriebenen Parmesan
4 EL Vollkornsemmelbrösel
1 kleines Bund Basilikum

1 Die Fischfilets waschen, trockentupfen und mit Salz und Pfeffer würzen. Backofen auf 160 °C vorheizen.

2 Die weiche Butter mit Parmesan und Bröseln vermischen. Basilikum waschen, trocknen, die Blätter klein schneiden und ebenfalls untermischen. Mit Salz und Pfeffer abschmecken.

3 Die Fischfilets in eine leicht gefettete Auflaufform geben. Mit der Bröselmischung bestreichen und im Ofen ca. 35 Minuten überbacken.

Pro Portion: 303 kcal (34 g E, 11 g KH, 14 g F)

Tipp

Dazu passt sehr gut Kartoffelpüree und ein knackiger Eisbergsalat.

Fischpfanne

Für 4 Personen

250 g Langkornreis (parboiled)
500 ml Gemüsebrühe
600 g Seelachs
etwas Zitronensaft
Meersalz, Pfeffer
1 Zwiebel
je 1 grüne und rote Paprika
1 Stange Lauch
1 EL Rapskernöl
500 g Tomaten (frisch oder aus der Dose)
etwas Basilikum

1 Den Reis in der Gemüsebrühe gar kochen. Das Fischfilet waschen, trockentupfen, mit Zitronensaft beträufeln, mit Salz und Pfeffer würzen und in Würfel schneiden. Zwiebel schälen und würfeln. Paprika und Lauch waschen, putzen und in Streifen schneiden.

2 Die Zwiebelwürfel in Öl andünsten, Paprika und Lauch dazugeben und kurz mitdünsten. Tomaten kurz in kochendes Wasser tauchen, enthäuten und in Würfel schneiden (Dosentomaten zerkleinern), dazugeben, mit Salz und Pfeffer würzen und aufkochen lassen.

3 Die Fischwürfel auf das Gemüse legen. Bei kleiner Flamme ca. 10–12 Minuten zugedeckt garen. Basilikum in Streifen schneiden und darüberstreuen. Die Fischpfanne mit dem Reis anrichten.

Pro Portion: 425 kcal (34 g E, 58 g KH, 5 g F)

Schnell gekocht

Crispy Fischburger

Für 4 Personen

1 Zwiebel
1 Bund glatte Petersilie
1 Brötchen vom Vortag
400 g Fischfilet (Seelachs- oder Rotbarschfilet)
2 Eigelb
Meersalz, Pfeffer
etwas Zitronensaft
80 g Cornflakes
2 EL Sonnenblumenöl
4 Sesam- oder Dinkelbrötchen
4 Salatblätter

1 Die Zwiebel schälen und klein würfeln. Petersilie waschen, trockenschütteln und fein hacken. Das Brötchen in Wasser einweichen.

2 Das Fischfilet waschen, trockentupfen, in Stücke schneiden und mit dem ausgedrückten Brötchen in der Küchenmaschine oder mit dem Mixstab zerkleinern. Mit Eigelb, Zwiebelwürfeln und Petersilie gut vermischen, mit Salz, Pfeffer und Zitronensaft würzen. Burger formen und in zerbröselten Cornflakes wälzen.

3 Öl in einer Pfanne erhitzen und die Burger auf jeder Seite ca. 4–5 Minuten braten.

4 Die Fischburger im Brötchen mit Salatblatt garniert anrichten. Dazu passt ein Joghurt-Dip (Seite 94 und 101).

Pro Portion: 441 kcal (27 g E, 52 g KH, 13 g F)

Roter Kartoffelbrei mit Würstchen-Krake

Für 4 Personen

800 g mehlige Kartoffeln
1 EL Butter
200 ml fettarme Milch
50 g passierte Dosentomaten
1 EL Ketchup
50 g Gouda
1 rote Paprikaschote
Meersalz
4 Puten-Wiener
etwas Rapsöl

1 Die Kartoffeln schälen und in Salzwasser gar kochen. Abgießen und ausdampfen lassen. Durch eine Kartoffelpresse drücken oder stampfen und mit Butter glatt rühren.

2 Milch mit Dosentomaten und Ketchup in einen Topf geben, aufkochen lassen und mit den Kartoffeln vermischen. Den Käse reiben, die Paprikaschoten in kleine Würfel schneiden und ebenfalls unter das Püree rühren. Mit Salz abschmecken.

3 Die Würstchen jeweils bis zu 2/3 ihrer Länge kreuzförmig einschneiden, sodass lange „Arme" entstehen, und in etwas Rapsöl braten. Auf dem Püree anrichten.

Pro Portion: 324 kcal (15 g E, 34 g KH, 12 g F)

So schmeckt's auch

Kinder lieben Kartoffelbrei, was man von Gemüse nicht immer behaupten kann. Mogeln Sie deshalb einfach verschiedene Sorten unter das Püree.
- Vermischen Sie 400 g gekochte und durchgedrückte Kartoffeln und 400 g gekochte und pürierte Möhren oder auch Pastinaken mit ca. 1/4 l heißer Milch.
- Für einen grünen Brei: 500 g durchgedrückte Kartoffeln mit 300 g gekochten und pürierten TK-Erbsen und 1/4 l Milch verrühren.

Schnell gekocht

Reis „Kunterbunt"

Für 4 Personen

250 g Reis	50 g Zuckerschoten
500 ml Gemüsebrühe	2 EL Rapsöl
je 150 g Brokkoli, Möhren, TK-Erbsen	Meersalz, Pfeffer etwas Sojasoße
1 Zwiebel	2 EL Sesamsaat
1 kleine Dose Mais	

1 Den Reis in der Gemüsebrühe bei schwacher Hitze ca. 20 Minuten ausquellen lassen.

2 Brokkoli in kleine Röschen teilen, Möhren schälen und in dünne Scheiben schneiden. Zwiebel fein würfeln. Mais abgießen, Zuckerschoten putzen, evtl. halbieren.

3 Rapsöl in einer großen beschichteten Pfanne erhitzen. Brokkoli, Möhren, Erbsen, Mais und Zuckerschoten hineingeben, mit Salz und Pfeffer würzen. Zugedeckt bei mittlerer Hitze einige Minuten braten, dabei ab und zu wenden.

4 Den Reis dazugeben und offen kurz weiterbraten. Mit Sojasoße würzen. Mit Sesam bestreuen und anrichten.

Pro Portion: 374 kcal (10 g E, 65 g KH, 8 g F)

Hirsotto

Sehr lecker schmeckt das Gemüse auch mit Hirse anstelle von Reis.

1 200 g Goldhirse heiß waschen und abtropfen lassen. In 1 EL Öl anschwitzen, mit 1/2 l Gemüsebrühe ablöschen und bei schwacher Hitze 15–20 Minuten ausquellen lassen. Weitere Zubereitung siehe Gemüsereis.

Hirse

Hirse muss vor der Zubereitung nicht eingeweicht werden. Aber sie sollte immer heiß gewaschen werden, da sie beim Garen leicht bitter werden kann.

- Hirse ist besonders leicht verdaulich.
- Sie enthält hochwertiges Eiweiß und komplexe Kohlenhydrate, Vitamine, Mineralien und Spurenelemente – besonders viel wertvolle Kieselsäure (gut für Haare, Haut und Fingernägel).

Hähnchen-Gemüse-Wok

Für 4 Personen

500 g Hähnchenbrustfilet
1 kleines Stück Ingwer
6 EL Sojasauce
1 EL Zitronensaft
300 g Möhren
200 g Kohlrabi
50 g Zuckerschoten
2 EL Rapskernöl
1 EL Sesam
Meersalz, Pfeffer

1 Hähnchenfleisch waschen, trockentupfen und in Streifen schneiden. Ingwer schälen und fein würfeln. Sojasauce, Zitronensaft und Ingwer verrühren, das Fleisch dazugeben und 10 Minuten marinieren.

2 Möhren und Kohlrabi waschen, schälen und in feine Streifen schneiden. Zuckerschoten waschen und putzen.

3 1 EL Öl im Wok oder einer großen Pfanne erhitzen, Gemüse unter Rühren ca. 5 Minuten braten. Herausnehmen. Das Hähnchenfleisch abtropfen lassen (Marinade auffangen) und im restlichen Öl anbraten. Sesam, Gemüse und die Marinade dazugeben, kurz mitbraten und abschmecken. Mit gekochtem Reis servieren.

Pro Portion: 252 kcal (28 g E, 11 g KH, 10 g F)

Hähnchen im Spinatbett

Für 4 Personen

250 g Nudeln
500 g Hähnchenbrust
2 EL Rapskernöl
1 Zwiebel
400 g TK-Spinat
Meersalz, Pfeffer, Muskat
2 EL Schmand

1 Die Nudeln in reichlich Salzwasser kochen.

2 Die Hähnchenbrust waschen, trockentupfen und in Streifen schneiden. Das Öl in einer Pfanne erhitzen, das Fleisch anbraten, salzen und pfeffern. Herausnehmen und warm stellen.

3 Zwiebel schälen, fein würfeln und in der Pfanne andünsten. Den Spinat dazugeben und zugedeckt auftauen lassen. Mit Salz, Pfeffer und Muskat abschmecken, den Schmand unterrühren.

4 Das Hähnchenfleisch dazugeben und mit dem Spinat vermischen. Mit den Nudeln anrichten.

Pro Portion: 462 kcal (41 g E, 48 g KH, 11 g F)

Schnell gekocht

Hähnchen-Wraps

Für 4 Personen

400 g Hähnchenbrustfilet
1 TL Honig
1 EL Ketchup
2 EL Sojasauce
1 Knoblauchzehe
1/2 TL Ingwer
1 EL Mangochutney
1 TL Kartoffelstärke

Meersalz, Pfeffer
1 kleine Zwiebel
je 1/2 rote, gelbe und
    grüne Paprika
2 EL Rapsöl
4 Tortillas (Fertigprodukt
    oder Rezept Seite 39)

1 Das Hähnchenfleisch waschen, trockentupfen, in längliche Streifen schneiden und in eine Schüssel geben. Mit Honig, Ketchup, Sojasauce, durchgepresster Knoblauchzehe, fein gehacktem Ingwer, Mangochutney, Kartoffelstärke, Salz und Pfeffer vermischen, 10 Minuten marinieren.

2 Zwiebel schälen, halbieren und in Streifen schneiden. Paprikaschoten waschen und ebenfalls in Streifen schneiden.

3 Rapsöl in einer beschichteten Pfanne erhitzen, das Hähnchenfleisch mit Marinade nicht zu heiß anbraten. Herausnehmen, im Ofen bei 80 °C warm stellen.

4 Zwiebel- und Paprikastreifen in die Pfanne geben und anbraten. Das Fleisch dazugeben und abschmecken.

5 Die Tortillas abgedeckt 5 Minuten bei 100 °C im Ofen wärmen. Mit der Fleisch-Gemüse-Mischung füllen und zusammenfalten.

Pro Portion: 409 kcal (25 g E, 12 g KH, 15 g F)

Hähnchen

Hähnchenfleisch liefert reichlich hochwertiges Eiweiß und Eisen. Es ist fettarm, und da sich das meiste Fett direkt unter der Haut versteckt, lässt es sich leicht entfernen. Hühnerbrust ist fettärmer als Keule und besonders reich an den Vitaminen B1, B2, B6 und Niacin – wichtig für einen gut funktionierenden Stoffwechsel und die Blutbildung; außerdem hält es Haut, Haare und Nägel gesund.

Couscous mit Gemüse

Für 4 Personen

1 Zwiebel
400 g Tomaten
300 g Zucchini
1 EL Rapskernöl
100 g Kichererbsen (Dose)
250 g Instant-Couscous
 (Reformhaus)
450 ml Gemüsebrühe
Meersalz, Pfeffer, Curry
etwas glatte Petersilie
100 g Mozzarella

1 Die Zwiebel fein würfeln. Die Tomaten kurz in kochendes Wasser tauchen und enthäuten. 2/3 der Tomaten in kleine Würfel schneiden, den Rest in Scheiben. Zucchini waschen, putzen, 2/3 davon würfeln, den Rest in dünne Scheiben schneiden. Den Backofen auf 180 °C vorheizen.

2 Das Öl in einer Pfanne erhitzen, die Zwiebel- und Gemüsewürfel mit den abgetropften Kichererbsen kurz darin andünsten. Das Couscous unterrühren und mit Brühe auffüllen. Mit Salz, Pfeffer und etwas Curry würzen. Aufkochen lassen, vom Herd nehmen und im geschlossenen Topf einige Minuten ziehen lassen. Petersilie waschen, fein hacken und daruntermischen.

3 Das Gemüse-Couscous in eine leicht gefettete Auflaufform füllen, mit den Tomaten- und Zucchinischeiben belegen. Den Mozzarella grob raspeln und darüberstreuen.

4 Die Form in den vorgeheizten Ofen schieben und ca. 20 Minuten überbacken.

Pro Portion: 370 kcal (18 g E, 49 g KH, 11 g F)

Tipp

Servieren Sie das Couscous mit einem einfachen Joghurt-Dip: 200 g Joghurt mit Meersalz, Pfeffer und etwas gehackter glatter Petersilie verrühren.

Schnell gekocht

Tex-Mex-Topf

Für 4 Personen

1 Zwiebel
1 Knoblauchzehe
je 1 rote und grüne
  Paprikaschote
1 Dose Mais
  (280 g Abtropfgewicht)
1 Dose weiße Bohnen
  (250 g Abtropfgewicht)
1 Dose geschälte Tomaten
  (480 g Abtropfgewicht)

2 EL Olivenöl
1/4 l Gemüsebrühe
Meersalz, Pfeffer
edelsüßer Paprika
etwas Zimt
etwas Curry
2 EL saure Sahne

Tipp

Zum Tex-Mex-Topf passen Tortilla-Chips (Reformhaus) natürlich am allerbesten. Sie können aber auch Reis dazu servieren.

1 Die Zwiebel schälen und würfeln, Knoblauch abziehen und hacken. Paprika waschen, putzen und in Streifen schneiden. Mais und Bohnen in einem Sieb abtropfen lassen. Die Dosentomaten zerkleinern.

2 Olivenöl in einem großen Topf erhitzen, Zwiebelwürfel, Knoblauch und Paprikastreifen darin andünsten. Mais, Bohnen und Dosentomaten zugeben. Die Gemüsebrühe angießen und mit Salz, Pfeffer, Paprika, etwas Zimt und Curry würzen.

3 Den Gemüsetopf ca. 15 Minuten köcheln lassen und noch mal abschmecken. Auf Teller verteilen und mit einem Klecks saurer Sahne servieren.

Pro Portion: 233 kcal (10 g E, 25 g KH, 10 g F)

Hitliste der Lieblingsrezepte

Fragt man nach, was Kinder denn
am liebsten essen, bekommt man meist
zur Antwort: Pizza, Pommes, Pasta – basta!
Wir stellen die Favoriten vor und zeigen,
wie lecker und gesund auch Fast-Food-Hits
in einer selbst gemachten Variante sein können.

Extra Trink-Wasser

Trinken ist mindestens genauso wichtig wie essen. Doch Kinder trinken meist zu wenig. Dabei haben sie – bezogen auf ihre Größe und ihr Gewicht – sogar einen höheren Flüssigkeitsbedarf als Erwachsene. Doch nicht alle Getränke sind geeignet, um den Durst zu löschen und Kinder mit der nötigen Trinkmenge zu versorgen.

Zwischen 1 und 1,5 Liter Flüssigkeit sollten Kinder pro Tag trinken, je nach Alter und Bewegung. Wenn sie an heißen Sommertagen herumtoben und schwitzen, brauchen sie mehr Wasser, um den Flüssigkeitsverlust wieder auszugleichen.

Kinder trinken zu wenig

Eine Untersuchung des Forschungsinstituts für Kinderernährung ergab, dass vor allem Vorschulkinder ein Defizit an Flüssigkeit haben. Das liegt oft daran, dass Eltern den Kindern vor allem während des Essens das Trinken vorenthalten, weil sie der irrigen Meinung sind, Trinken vermindere den Appetit.

Auch ein Viertel der Schüler trinkt in der Schule nichts. Während des Unterrichts ist es meist nicht erlaubt und auch in der Pause wird es vergessen. Das führt zu verminderter Durchblutung des Gehirns – eine schlechte Voraussetzung fürs Lernen. Deshalb ist es umso wichtiger, dass Ihr Kind dann zu Hause seinen Flüssigkeitsbedarf deckt.

Trinken, bevor der Durst kommt

Ein Problem, das nicht nur Kinder, sondern auch viele Erwachsene haben: Sie sind viel unterwegs oder so beschäftigt, dass sie dabei völlig vergessen, etwas zu trinken. Wenn sie dann Durst verspüren, ist der Flüssigkeitshaushalt meist schon im Minus. Es kommt zu Konzentrationsstörungen oder Kopfschmerzen.

Stellen Sie Ihrem Kind also immer etwas zum Trinken bereit. Wenn es viel unterwegs ist, vergessen Sie nicht, ihm eine Trinkflasche mit Wasser mitzugeben.

Das löscht den Durst

- Der beste Durstlöscher ist Wasser. Aber auch Früchte- oder Kräutertees und verdünnte Fruchtsäfte sind für Kinder ideal.
- Limonaden, Cola, Fruchtnektar oder Eistee sind nicht geeignet. Sie entziehen dem Körper Flüssigkeit, anstatt welche zuzuführen. Und sie enthalten reichlich Zucker, Kalorien und künstliche Aromastoffe.
- Milch oder Kakao zählen nicht zu den Durstlöschern, sondern zu den Lebensmitteln.

Tagesration

Diese Menge sollte Ihr Kind täglich trinken

Alter	Flüssigkeitsmenge
3 bis 6 Jahre	800 ml
6 bis 9 Jahre	900 ml
10 bis 12 Jahre	1000 ml
13 bis 14 Jahre	1200 ml

Wie viel Frucht ist drin?

- Reiner Fruchtsaft (aus Direktpressung oder Konzentrat) enthält 100 % Frucht.
- Fruchtnektar besteht nur zu 25 bis 50 % aus Saft, der Rest ist Wasser und Zucker.
- Fruchtsaftgetränk hat nur 6 bis 30 % Saft, dafür umso mehr Zucker, Aromastoffe und Genusssäuren.
- Limonade enthält meist 0 % Saft, dafür viel zahnschädigende Zitronensäure als geschmacklichen Gegenpol zum zugesetzten Zucker.

Tee: heiß und kalt ein Genuss

Gerade im Winter ist Tee ein prima Durstlöscher, der zugleich von innen wärmt. Doch nicht alle Teesorten sind für Kinder geeignet:

- Schwarztee enthält reichlich Koffein und ist deshalb, genauso wie Kaffee, nichts für Kinder.
- Früchte-, Kräuter- und Rotbuschtee sind eine gute Wahl, sie enthalten kein Koffein.

Im Sommer ist ungesüßter, kalter Tee eine kalorienarme Erfrischung und viel gesünder als fertiger Eistee.

Schmeckt Ihrem Kind ungesüßter Tee nicht? Dann mischen Sie einfach etwas Apfelsaft unter.

Wasserwechsel

Wenn Ihr Kind bisher am liebsten Limonade getrunken hat, müssen Sie die Umstellung auf Wasser ganz langsam in Angriff nehmen, damit Ihr Kind nicht streikt: Mischen Sie jeden Tag Fruchtsaftschorle und reduzieren Sie dabei die Saftmenge schrittweise. Ganz automatisch wird so das Verlangen nach dem süßen Geschmack weniger.

Süßstoffhaltige Getränke sind keine Lösung, denn sie schmecken genauso süß bzw. meist sogar noch süßer und würden eine „Entwöhnung" nur verhindern.

Gewöhnen Sie Ihr Kind schon frühzeitig daran, den Durst mit Wasser zu löschen

So schmeckt das Wasser!

1 Gekühlt schmeckt Wasser besonders gut. Und noch lieber trinken es Kinder, wenn Sie es mit ein paar Zitronen- oder Orangenscheiben (ungespritzte Bioware verwenden!) aufpeppen.

2 Mit bunten Eiswürfeln geben Sie dem Wasser Farbe und zusätzlich Geschmack: Apfel-, Orangen- oder Johannisbeersaft in eine Eiswürfelform gießen und gefrieren lassen.

3 Abwechslung muss sein: Mischen Sie für Ihr Kind auch mal exotische Saftschorlen, zum Beispiel mit Mango-, Ananas- oder Maracujasaft. Oder mixen Sie einen Cocktail nach unseren Rezepten auf Seite 110.

4 Dieser Erfrischungstee schmeckt warm und kalt: 2 EL Zitronenverbenen-Blätter mit 1/2 Liter kochendem Wasser übergießen und 10 Minuten ziehen lassen.

Hitliste der Lieblingsrezepte

Lieblings-Spaghetti

Für 4 Personen

400 g Cocktailtomaten	200 ml Gemüsebrühe
1 kleine Zwiebel	Salz, Pfeffer, Zucker
1 Knoblauchzehe	400 g Spaghetti
1 Bund Basilikum	40 g Parmesan
2 EL Olivenöl	

1 Die Cocktailtomaten waschen, halbieren und die Stielansätze entfernen. Zwiebel und Knoblauch fein würfeln. Basilikum waschen, trockenschütteln und in Streifen schneiden.

2 In einer Pfanne das Olivenöl erhitzen, Zwiebel und Knoblauch darin anschwitzen. Die Tomaten dazugeben und die Gemüsebrühe angießen. Die Sauce leicht köcheln lassen, mit Salz und Pfeffer abschmecken. Die Basilikumstreifen untermischen.

3 In der Zwischenzeit in einem großen Topf Wasser erhitzen, salzen und die Spaghetti darin bissfest kochen. Den Parmesan fein hobeln oder reiben.

4 Die Nudeln abgießen, mit der Tomatensauce anrichten und mit Parmesan bestreuen.

Pro Portion: 499 kcal (17 g E, 78 g KH, 13 g F)

Spaghetti mit Gemüsebolognese

Für 4 Personen

1 Zwiebel	500 g passierte Tomaten
1 Knoblauchzehe	150 ml Gemüsebrühe
je 100 g Möhren, Lauch, Sellerie	400 g Spaghetti
	4 Zweige Basilikum
200 g Zucchini	Salz, Pfeffer
200 g Brokkoli	2–3 EL Balsamicoessig
2 EL Olivenöl	40 g geriebener Parmesan

1 Zwiebel und Knoblauch schälen und fein hacken. Möhren, Sellerie, Lauch und Zucchini putzen, waschen und klein würfeln. Brokkoli in kleine Röschen schneiden.

2 Olivenöl erhitzen, Zwiebel, Knoblauch und Gemüse darin anschwitzen, Tomaten und Gemüsebrühe dazugeben und köcheln lassen.

3 In der Zwischenzeit die Spaghetti in Salzwasser gar kochen. Basilikum waschen und in Streifen schneiden.

4 Die Gemüsesauce mit Salz, Pfeffer und Balsamico abschmecken. Mit den Spaghetti anrichten, Parmesan darüberstreuen.

Pro Portion: 566 kcal (21 g E, 90 g KH, 13 g F)

Sie führen die Hitliste an:
Pasta mit Tomatensauce.
Und die Nr. 1 der Lieblingsrezepte ist nicht nur blitzschnell gekocht, sondern auch noch gesund!

**Ganz knapp abgeschlagen auf Platz 2:
die Pizza.** Beim Belegen der Knusper-Teilchen
können schon die Kleinsten mithelfen und
ihrer Kreativität freien Lauf lassen.

Hitliste der Lieblingsrezepte

Pizza „Wünsch dir was"

Für 8 Minipizzen

250 g Dinkelmehl
20 g Hefe
Zucker
ca. 150 ml Wasser
1 EL Olivenöl
Salz

Für den Belag:
1 Dose passierte Tomaten
Salz, Pfeffer
Gemüse (z. B. Paprika, Champignons, Zucchini, Mais)
200 g Käse (Gouda, Mozzarella)
gekochter Schinken oder Salami

1 Für den Teig in das Mehl eine Mulde drücken. Hefe hineinbröckeln, mit einer Prise Zucker, 3 EL lauwarmem Wasser und etwas Mehl verrühren und zugedeckt gehen lassen.

2 Das restliche Wasser mit Salz und Öl zugeben und den Teig schlagen, bis er elastisch ist. 30 Minuten ruhen lassen.

3 In der Zwischenzeit das Tomatenpüree mit Salz und Pfeffer würzen. Das Gemüse klein schneiden. Den Käse grob raspeln. Den Backofen auf 220 °C vorheizen.

4 Den Teig durchkneten, ausrollen und 8 Kreise ausstechen. Auf ein mit Backpapier ausgelegtes Blech legen. Nach Belieben mit dem Gemüse und der Wurst belegen, mit Käse bestreuen und im Ofen ca. 10 Minuten backen.

Pro Stück: 204 kcal (10 g E, 24 g KH, 8 g F)

Mais-Pizza

Für 4 Personen

400 ml Wasser
100 g Maisgrieß
1 EL Butter
Salz, Muskat

Für den Belag:
100 g Gemüsemais (Dose)

100 g Lauch
1 grüne Paprikaschote
200 g Tomaten
100 g Champignons
Salz, Pfeffer
1 TL Oregano
100 g Gouda

1 Für den Pizza-Boden das Wasser mit Salz aufkochen, den Maisgrieß einstreuen und unter Rühren bei kleiner Hitze 5 Minuten ausquellen lassen. Die Butter dazugeben und mit Salz und Muskat abschmecken.

2 Den Gemüsemais abtropfen lassen. Lauch und Paprika waschen, putzen und in Streifen schneiden. Tomaten waschen und in Scheiben schneiden, den Stielansatz dabei entfernen. Die Champignons putzen, waschen und ebenfalls in Scheiben schneiden.

3 Den Maisgrieß mit einem Löffel auf einem mit Backpapier ausgelegten Blech verstreichen. Das vorbereitete Gemüse darauf verteilen und mit Salz, Pfeffer und Oregano würzen.

4 Den Käse grob raspeln und über die Pizza streuen. Im vorgeheizten Backofen bei 200 °C ca. 15 Minuten backen.

Pro Stück: 253 kcal (11 g E, 24 g KH, 12 g F)

Hitliste der Lieblingsrezepte

Würstchen-Krokodil mit Pommes

Für 4 Personen

1 kg Kartoffeln
Meersalz
etwas edelsüßes
  Paprikapulver
1 EL Sonnenblumenöl
4 Puten-Wiener

1 Den Backofen auf 220 °C vorheizen. Ein Blech mit Backpapier auslegen und leicht einölen. Die Kartoffeln schälen und der Länge nach in Schnitze schneiden.

2 Die Kartoffeln auf das Blech legen, mit Salz und Paprika würzen. In den Ofen schieben und die Kartoffeln ca. 30 Minuten backen, dabei zwischendurch wenden.

3 Die Würstchen rundherum leicht einschneiden, an einem Ende ca. 3 cm tief für das „Maul" aufschneiden. Im Ofen grillen oder in einer Pfanne mit etwas Sonnenblumenöl braten.

4 Die Würstchen mit den Kartoffelschnitzen und dem Ketchup servieren.

Pro Portion: 270 kcal (11 g E, 37 g KH, 7 g F)

Ketchup

Für ca. 870 ml

1 Zwiebel
1 EL Öl
750 g Tomaten (oder
  3 Dosen geschälte Tomaten)
1 Apfel
1 kleines Stück Ingwer
4 EL Apfeldicksaft
5 EL milder Weißweinessig
Salz, Pfeffer
1 Msp. Piment
1 TL Curry

1 Die Zwiebel schälen, würfeln und in einem Topf in Öl andünsten. Die Tomaten und den Apfel in Stücke schneiden und dazugeben. Den Ingwer schälen, fein schneiden und mit den übrigen Zutaten in den Topf geben.

2 Die Tomatensauce aufkochen und bei mittlerer Hitze ca. 50–60 Minuten köcheln lassen, zwischendurch immer wieder umrühren.

3 Wenn die Tomaten zu einem dicken Brei eingekocht sind, durch ein Sieb passieren, abschmecken und abkühlen lassen.

4 In eine Flasche füllen und im Kühlschrank aufbewahren. Das Ketchup hält sich gekühlt 2–3 Wochen.

Pro EL (15 ml): 12 kcal (0 g E, 2 g KH, 0 g F)

Auf Platz 3: Pommes frites, die Super-Beilage, die zu allem passt, aber auch solo gut ankommt. Vor allem in der etwas „abgespeckten" Version, ideal kombiniert mit selbst gemachtem Ketchup.

Multitalent Pfannkuchen: Süß oder herzhaft gefüllt, als Hauptspeise oder Dessert, die tollen Rollen kommen immer gut an.

Hitliste der Lieblingsrezepte

Spinat-Röllchen

Für 4 Personen

150 g Dinkelmehl
3/8 l Milch
3 Eier
Salz
250 g TK-Spinat
Salz, Pfeffer, Muskat
Kokosfett zum Ausbacken
4 EL Schmand
4 EL geriebener Parmesan

1 Mehl, Milch, Eier und Salz zu einem glatten Teig verrühren und ca. 20 Minuten quellen lassen.

2 Inzwischen für die Füllung den Spinat bei schwacher Hitze in einem Topf auftauen lassen, mit Salz, Pfeffer und Muskat würzen.

3 Kokosfett in einer beschichteten Pfanne erhitzen und nacheinander dünne Pfannkuchen von beiden Seiten goldgelb ausbacken.

4 Die Pfannkuchen mit Schmand bestreichen, Spinat darauf verteilen, etwas Parmesan darüberstreuen und aufrollen.

Pro Portion: 373 kcal (20 g E, 31 g KH, 19 g F)

So schmeckt's auch

Sie können die Pfannkuchen auch einfach mit Fruchtaufstrich (Reformhaus) füllen und zusammenrollen. Auch sehr lecker: 200 g Magerquark mit 1 EL Honig verrühren und 200 g Himbeeren oder Erdbeeren (in kleine Stücke geschnitten) unterheben und die Pfannkuchen damit füllen.

Pfannkuchen mit Apfel-Füllung

Für 4 Personen

150 g Weizenvollkornmehl
1/4 l Milch
1/8 l Mineralwasser
3 Eier
Salz
4 Äpfel
150 g getrocknete Feigen
1 EL Zitronensaft
100 ml Apfelsaft
evtl. etwas Apfeldicksaft
Kokosfett zum Ausbacken

1 Mehl, Milch, Mineralwasser, Eier und Salz zu einem glatten Teig verrühren und ca. 20 Minuten quellen lassen.

2 Äpfel schälen, in Scheiben schneiden, mit Zitronensaft beträufeln. Feigen in Streifen schneiden. Apfelscheiben und Feigen mit Apfelsaft aufkochen und 10 Minuten dünsten lassen, evtl. mit etwas Apfeldicksaft abschmecken.

3 Kokosfett in einer beschichteten Pfanne erhitzen und nacheinander dünne Pfannkuchen von beiden Seiten goldgelb ausbacken.

4 Die Pfannkuchen mit dem Apfel-Feigen-Kompott füllen und servieren.

Pro Portion: 407 kcal (14 g E, 64 g KH, 10 g F)

Hitliste der Lieblingsrezepte

Kalbsschnitzel in Cornflakes-Kruste

Für 4 Personen

100 g Cornflakes
4 dünne Kalbschnitzel (à 80 g)
Salz, Pfeffer
4 EL Mehl
2 Eier
2 EL Öl oder ungehärtetes Kokosfett zum Braten

1 Die Cornflakes fein zerbröseln. Die Schnitzel waschen, trockentupfen, salzen und pfeffern. In Mehl wenden, durch die verquirlten Eier ziehen und anschließend mit den Cornflakes panieren.

2 Öl oder Kokosfett in einer Pfanne erhitzen und die Schnitzel bei mittlerer Hitze ca. 1–2 Minuten pro Seite ausbacken. Herausnehmen und auf Küchenpapier abtropfen lassen.

Tipp

Es müssen nicht immer Pommes (Seite 70) sein: Ein Rohkostsalat oder auch Kartoffelbrei passen prima zu Schnitzel.

Pro Portion: 345 kcal (24 g E, 31 g KH, 14 g F)

Hähnchenschnitzel im Nuss-Hemd

Für 4 Personen

3 Scheiben Vollkorntoast
60 g Haselnusskerne
4 Hähnchen- oder Putenschnitzel (à 80 g)
Salz, Pfeffer
4 EL Mehl
2 Eier
2 EL Öl oder ungehärtetes Kokosfett zum Braten

1 Das Toastbrot würfeln und mit den Haselnüssen in einer Küchenmaschine mittelfein mahlen. Die Hähnchenschnitzel waschen, trockentupfen, salzen und pfeffern. In Mehl wenden, durch die verquirlten Eier ziehen und anschließend mit den Nüssen panieren.

2 In Öl oder Kokosfett bei mittlerer Hitze 1–2 Minuten pro Seite ausbacken. Auf Küchenpapier abtropfen lassen.

Pro Portion: 387 kcal (28 g E, 20 g KH, 21 g F)

So schmeckt's auch

Anstelle der Nüsse können sie die Schnitzel natürlich auch ganz klassisch in Vollkornsemmelbröseln panieren oder in Semmelbröseln, gemischt mit geriebenem Parmesan.
Auch Haferflocken und Kokosflocken sind eine knusprige Alternative. Für ein vegetarisches Schnitzel panieren Sie einfach dünne Tofuscheiben in Sesamsamen.

Eine Standard-Antwort auf die Frage nach dem Lieblingsgericht lautet: **Schnitzel** mit Pommes. Doch was die knusprige Hülle betrifft, da gibt es viele Varianten.

Knusprig, lecker und gesund – selbst gemachte **Fischstäbchen** sind in jedem Fall ein guter Fang!

Hitliste der Lieblingsrezepte

Fischstäbchen

Für 4 Personen

500 g Kabeljaufilet
Salz, Pfeffer
1 Zitrone
4 EL Mehl
2 Eier
100 g Vollkornsemmelbrösel
4 EL Sonnenblumenöl

So schmeckt's auch

Sie können die Fischstreifen auch in Sesamsaat oder in zerbröselten Cornflakes panieren.

Würzig schmecken die Fischstäbchen, wenn Sie sie vor dem Panieren eine Stunde in einer Mischung aus Sojasauce, Senf, Zitronensaft, Salz und Pfeffer marinieren.

1 Die Fischfilets waschen, trockentupfen und in Streifen schneiden. Mit Salz und Pfeffer würzen und mit etwas Zitronensaft beträufeln.

2 Die Streifen in Mehl wenden, durch die verquirlten Eier ziehen und mit den Semmelbröseln panieren.

3 In einer Pfanne das Öl erhitzen und die Fischstäbchen unter gelegentlichem Wenden von allen Seiten goldbraun backen. Herausnehmen und auf Küchenpapier abtropfen lassen.

Pro Portion: 409 kcal (30 g E, 32 g KH, 17 g F)

Tipp

Für Fish and Chips servieren Sie die Stäbchen mit selbst gemachten Kartoffelspalten (Seite 70).
Sehr lecker schmecken die Fischstäbchen aber auch mit Kartoffelpüree und Salat.

Heute gibt es Fisch

Mindestens 1x in der Woche sollte Fisch auf dem Speiseplan stehen:

- Er liefert viel wertvolles Eiweiß.
- Seefisch ist die beste natürliche Jodquelle.
- Fettreiche Sorten wie Lachs, Hering und Makrele enthalten lebenswichtige ungesättigte Fettsäuren.

Gefrorener Fisch ist eine sehr gute Alternative, da er meist direkt nach dem Fang auf dem Schiff gefrostet wird. Aber Finger weg, wenn der Fisch mit einer dicken Eisschicht überzogen ist, denn das kann ein Zeichen dafür sein, dass die Kühlkette unterbrochen wurde und der Fisch angetaut war.

Hitliste der Lieblingsrezepte

Hamburger

Für 4 Personen

400 g Rinderhackfleisch
Salz, Pfeffer
1 Gemüsezwiebel
2 Tomaten
2 Gewürzgurken

einige Blätter Eisbergsalat
4 Hamburgerbrötchen
1 EL Senf
1–2 EL Ketchup (Seite 70)
1 EL Salatmayonnaise

1 Das Hackfleisch salzen und pfeffern, kräftig durchkneten und aus der Masse 4 flache Burger formen, die etwa denselben Durchmesser wie die Brötchen haben.

2 Die Burger auf einen Gitterrost legen und unter dem Grill im Backofen auf jeder Seite ca. 4 Minuten braten. Oder in einer Pfanne mit etwas Öl anbraten.

3 Die Gemüsezwiebel schälen und in hauchdünne Ringe schneiden, Tomaten und Gewürzgurken ebenfalls in Scheiben schneiden. Die Salatblätter waschen und abtropfen lassen.

4 Kurz bevor die Burger gar sind, die Brötchen halbieren und im Backofen mit der Innenseite nach unten toasten. Die Brötchenhälften jeweils mit einem Salatblatt belegen, den gegrillten Burger darauflegen und mit Tomaten- und Gurkenscheiben und mit Zwiebelringen garnieren. Mit etwas Senf, Ketchup und Mayonnaise würzen, die Brotdeckel aufsetzen und gleich servieren.

Pro Portion: 373 kcal (24 g E, 19 g KH, 17 g F)

Tofu-Burger

Für 4 Personen

300 g Tofu (Reformhaus)
1 Zwiebel
2 EL Sonnenblumenöl
2 Karotten

1 Ei
2–3 EL feine Haferflocken
etwas Sojasauce

1 Tofu gut abtropfen lassen und fein zerkrümeln. Die Zwiebel schälen, fein hacken und in 1 EL Öl andünsten. Die Karotten fein raspeln.

2 Tofu, Zwiebelwürfel, Karotten, Ei und Haferflocken gut vermengen und mit Sojasauce würzen. Wenn die Masse zu feucht ist, um sie zu formen, noch einige Haferflocken zugeben.

3 Aus der Tofumasse 4 Burger formen und in einer beschichteten Pfanne mit dem restlichen Öl braten.

Pro Portion: 203 kcal (12 g E, 9 g KH, 13 g F)

Als Fast Food schlechthin ist der **Hamburger** nicht gerade hoch angesehen. Bei unserer Variante dagegen gibt es nichts zu meckern!

Einfach zum Anbeißen: Ein knusprig braunes **Hühnerkeulchen** hat jedes Kind zum Knabbern gern!

Hitliste der Lieblingsrezepte

Knusperhähnchen-Blech

Für 4 Personen

1 Zitrone	300 g Karotten
Salz, Pfeffer	400 g Kartoffeln
Je 1 TL Rosmarin, Thymian	250 g Sellerieknolle
etwas Curry	1 Zwiebel
2 EL Olivenöl	ca. 200 ml Hühnerbrühe
4 Hähnchenschenkel	

1 Den Backofen auf 200 °C vorheizen.

2 Aus Zitronensaft, Gewürzen und Olivenöl eine Marinade rühren, die Hähnchenschenkel damit einpinseln und auf ein Backblech legen.

3 Karotten, Kartoffeln und Sellerie waschen, schälen und in fingerdicke Streifen schneiden. Die Zwiebel schälen und in Ringe schneiden. Alles auf dem Blech verteilen, salzen und pfeffern.

4 Die Hühnerbrühe angießen, das Blech in den Ofen schieben und ca. 45 Minuten garen.

Pro Portion: 363 kcal (22 g E, 23 g KH, 19 g F)

So schmeckt's auch

Variieren Sie das Gemüse je nach Saison – sehr gut zu Hähnchen passen z. B. auch Zucchini, Paprikaschoten und Kirschtomaten.

Gegrillte Hähnchenkeulen

Für 4 Personen

4 Hähnchenschenkel	*Für die Marinade:*
1 Zwiebel	1 EL Senf
3 Lorbeerblätter	1 EL Ketchup
5 Nelken	etwas Majoran
5 Wacholderbeeren	1 TL Honig
1 TL Pfefferkörner	1 Knoblauchzehe
Salz	1/2 TL edelsüßes Paprikapulver

1 Die Hähnchenschenkel waschen, trockentupfen und mit einem Messer im Gelenk teilen. Die Zwiebel schälen und vierteln.

2 1 l Wasser mit Zwiebel und Gewürzen zu einem Sud aufkochen. Die Hähnchenschenkel hineingeben und ca. 30 Minuten köcheln lassen. Herausnehmen und erkalten lassen.

3 Aus den angegebenen Zutaten eine Marinade rühren und die Schenkel damit kräftig einreiben. Auf ein Backblech legen und im vorgeheizten Backofen bei 170 °C ca. 30 Minuten knusprig braten.

Pro Portion: 187 kcal (18 g E, 3 g KH, 11 g F)

Hitliste der Lieblingsrezepte

Milchreis mit Kirschen

Für 4 Personen

250 g Rundkornreis
1 l Milch
1 unbehandelte Zitrone
1 Zimtstange
400 g Kirschen
2 EL Ahornsirup

1 Den Reis mit der Milch in einen Topf geben und zum Kochen bringen. Die Zitrone dünn schälen und die Schale mit der Zimtstange zur Milch geben. Den Reis bei schwacher Hitze zugedeckt ca. 30 Minuten ausquellen lassen. Evtl. etwas Milch nachgießen.

2 In der Zwischenzeit die Kirschen waschen und entsteinen. In Teller oder kleine Schüsselchen füllen, evtl. mit etwas Ahornsirup süßen.

3 Die Zitronenschale und die Zimtstange aus dem fertigen Milchreis entfernen und den Ahornsirup unterziehen. Den Reis mit den Kirschen servieren.

Pro Portion: 473 kcal (14 g E, 76 g KH, 11 g F)

So schmeckt's auch

Sehr gut passen zum Milchreis auch gemischte Beeren, pürierte Früchte oder ein Obstsalat.
Sie können auch Rosinen oder klein gewürfelte getrocknete Aprikosen oder anderes Trockenobst mitkochen.

Milchreis-Auflauf

Für 4 Personen

200 g Rundkornreis
750 ml Milch
3 Eier
350 g Magerquark
etwas Ahornsirup
2 Äpfel

1 Aus Reis und Milch einen Milchreis kochen (siehe Rezept) und abkühlen lassen.

2 Die Eier trennen. Das Eigelb mit Quark gut vermischen und mit etwas Ahornsirup süßen. Unter den erkalteten Milchreis ziehen. Eiweiß steif schlagen und unterheben. Den Backofen auf 180 °C vorheizen.

3 Die Äpfel schälen und in dünne Scheiben schneiden. Unter den Milchreis mischen. Die Masse in eine gefettete Auflaufform füllen und im Ofen 35 Minuten backen.

Pro Portion: 464 kcal (28 g E, 57 g KH, 14 g F)

Tipp

Wenn wirklich mal was übrig bleibt: Der Milchreis-Auflauf schmeckt auch kalt am nächsten Tag ganz prima!

Ob heiß oder kalt, mit Zimt und Zucker bestreut, mit frischem Obst, Apfelmus oder Kompott – **Milchreis** mögen fast alle Kinder.

Naschen erlaubt!?

Wenn Kinder sich ausgewogen ernähren, ist gegen Süßes – einmal täglich und natürlich in Maßen! – nichts einzuwenden. Unsere süßen und salzigen Knabberhits für den kleinen Hunger zwischendurch sind eine prima Alternative zu Chips aus der Tüte und Schoko-Riegel & Co.

Extra Süße Versuchungen

Schokolade versüßt das Leben – heißt es. Und da ist auch was Wahres dran. Denn sie enthält Theobromin, das die Ausschüttung körpereigener Glückshormone anregt. Trotzdem: Da die meisten Süßigkeiten zudem auch noch ziemliche „Fettigkeiten" sind, ist maßvoll naschen angesagt.

Den süßen Verlockungen lässt sich nur schwer widerstehen. Und die Werbung tut ein Übriges und verbindet Süßigkeiten mit Liebe, Zuwendung und Glück. Einen bewussten und zwanglosen Umgang mit den Schleckereien zu finden, ist also wichtig.

Als Faustregel gilt: Bis zu 50 g zuckerreiche und maximal 10 g fettreiche Lebensmittel pro Tag sind erlaubt. Zu den zuckerreichen gehören Gummibärchen, Bonbons, Eis oder Mohrenköpfe. Schokolade schlägt eher auf dem Fettkonto zu Buche.

Suchen Sie Süßigkeiten aus, die möglichst fettarm sind (z. B. Fruchtgummi, Russischbrot), alles was „Schoko..." im Namen führt, kombiniert Fett und Zucker und zählt zu den Dickmachern.

Süße Vielfalt

Vor allem der handelsübliche Haushaltszucker hat einen hohen glykämischen Index, d. h. er lässt den Blutzucker schnell ansteigen und dann steil abfallen. Die Reaktion darauf ist Heißhunger. Als Ersatz für Zucker gibt es verschiedene alternative Süßungsmittel:
- Gewöhnen Sie Ihr Kind möglichst früh an den weniger süßen Geschmack von Ahornsirup, Honig, Agaven- oder Birnendicksaft. Schmeckt toll zu Müsli, Joghurt und in Getränken.
- Süßstoff ist für Kinder nicht geeignet, da er viel süßer schmeckt als Zucker und so das natürliche Süßempfinden zerstört.

Nasch-Zähne

Zu viel Zucker fördert nicht nur Übergewicht, sondern schadet auch den Zähnen: Bestimmte Bakterien bauen den Zucker im Mund zu Säuren ab und zerstören damit den schützenden Zahnschmelz. Dagegen hilft:
- Die Zähne nach jeder zuckerhaltigen Mahlzeit putzen.
- Milch trinken und Milchprodukte essen, denn sie neutralisieren die Säure.
- Nicht ständig zwischendurch naschen.

„Bekomm ich was Süßes?"

Marketingexperten haben sich schon etwas dabei gedacht, Süßigkeiten und Schokoriegel genau in Augenhöhe der Kinder oder direkt an der Supermarktkasse zu platzieren.

Um Streit und Diskussionen zu vermeiden, hilft folgende Strategie: Vereinbaren Sie mit Ihrem Kind, dass es sich bei jedem Einkauf eine Sache aussuchen darf, so nimmt das Interesse ganz automatisch ab. Das kann was Süßes sein – vielleicht wird Ihr Kind aber auch schon mal in der Obstabteilung fündig.

Ihr Kind sollte auf keinen Fall hungrig sein, wenn Sie zusammen einkaufen gehen. Denn wenn der Magen knurrt, ist der Hunger auf Süßes umso größer. Lieber vorher beim Bäcker ein Vollkornbrötchen kaufen.

So viel Zucker steckt in …	
Produkt	Zucker
Fruchtriegel (40 g)	19 g
Gummibärchen (20 g)	16 g
Kinderschokolade (21 g)	11 g
Lakritze (75 g)	43 g
Mars (58 g)	40 g
Marzipan (75 g)	37 g
Milchschnitte (28 g)	8 g
Mohrenkopf (20 g)	14 g
Nutella (20 g)	10 g
Popcorn (100 g)	60 g
Schokolade (100 g)	56 g

Süßes muss sein! Stimmt zwar nicht, aber einmal täglich naschen ist o. k.

Naschregeln

Geben Sie Ihrem Kind die Möglichkeit, zu lernen, dass man sich seine Süßigkeiten auch gut einteilen muss:

- Legen Sie mit ihm gemeinsam am Anfang der Woche seine „süße Ration" fest und erklären Sie ihm, dass diese dann bis zum Wochenende reichen muss.
- Überlassen Sie es Ihrem Kind, wie es sich diesen Vorrat einteilt. Wenn es alles auf einmal isst, gibt es an den anderen Tagen eben nichts mehr.
- Lassen Sie die süßen oder salzigen Versuchungen nicht offen herumliegen.
- Vereinbaren Sie, wann Naschen erlaubt ist – unmittelbar vor den Mahlzeiten sollte Ihr Kind nichts Süßes essen. Das „Betthupferl" nach dem Zähneputzen ist ohnehin tabu.

Mit gutem Beispiel voran

Seien Sie ein Vorbild und kaufen Sie nur wenige Süßigkeiten: Wenn Sie jeden Abend vor dem Fernseher naschen, wird Ihr Kind nicht einsehen, warum es auf Süßes verzichten soll. Süßes sollte nicht als „Trostpflaster" dienen. Bei Kindern, die sich daran gewöhnen, ist der spätere Kummerspeck schon vorprogrammiert. Und Leckereien sollen auch keine Belohnung sein.

Lecker und gesund

Verbotenes hat bekanntlich seinen besonderen Reiz und löst das Problem nicht. Statt Süßigkeiten zu verbieten, versuchen Sie einfach, das Angenehme mit dem Nützlichen zu verbinden und Ihrem Kind als Alternative gesunde Naschereien anzubieten, die den Süßhunger auch befriedigen:

- frisches Obst
- ungeschwefelte Trockenfrüchte
- Fruchtschnitten und Knusperfrüchte

Eis am Stiel

Selbst gemachtes Fruchteis ist eine gesunde und leckere Alternative zu gekauftem Eis am Stiel, das meist nur aus Zuckerwasser und Fruchtaroma besteht. Die einfachste Variante wird aus Fruchtsaft pur, z. B. Orangensaft, hergestellt. Die passenden Förmchen gibt es in jeder Haushaltswarenabteilung.

Tropical Mix

Für ca. 8 Förmchen

200 ml Ananassaft
1 Mango
1 Banane
etwas Zitronensaft

1 Alle Zutaten im Mixer zerkleinern. Die Mischung in die Eisförmchen füllen, die Stiele hineinstecken und in der Gefriertruhe einige Stunden oder über Nacht gefrieren lassen.

Pro Stück: 43 kcal (0 g E, 10 g KH, 0 g F)

Tipp

Für „gestreiftes" Eis füllen sie das Förmchen mit verschiedenen Säften: z. B. zu einem Drittel mit Johannisbeersaft, für 30 Minuten ins Gefrierfach stellen, danach ein Drittel Ananassaft einfüllen und tiefkühlen und zum Schluss wieder mit Johannisbeersaft auffüllen.

Melonen-Eis

Für ca. 8 Förmchen

1/2 Honigmelone
1 EL Zitronensaft
1 Vanilleschote
200 g Joghurt
1 EL Honig

1 Die Melonenkerne entfernen, das Fruchtfleisch aus der Schale lösen und in Stücke schneiden. Mit Zitronensaft pürieren.

2 Die Vanilleschote halbieren und das Mark herausschaben. Joghurt mit Honig und Vanillemark vermischen, zum Melonenpüree geben und mit dem Schneebesen aufschlagen.

3 Die Masse in Eisförmchen füllen und mindestens 4 Stunden gefrieren lassen.

Pro Stück: 27 kcal (1 g E, 4 g KH, 1 g F)

Naschen erlaubt!?

Vanille-Sticks mit Schokohut

Für ca. 8 Förmchen

400 g Magermilchjoghurt
1 Naturvanillezucker
50 g Zartbitterkuvertüre

1 Das Joghurt mit Vanillezucker verrühren, in die Förmchen füllen und gefrieren lassen.

2 Die Kuvertüre im Wasserbad schmelzen. Die Sticks aus den Förmchen nehmen (dafür kurz unter heißes Wasser halten) und zur Hälfte in die Kuvertüre tauchen. Nochmal kurz ins Tiefkühlfach stellen.

Pro Stück: 55 kcal (3 g E, 5 g KH, 2 g F)

Tipp

Wer keine Stieleis-Förmchen hat, kann die Mischung auch in kleine Joghurtbecher füllen und in das fertige Eis dann kleine Holzstäbchen stecken.

Erdbeer-Eis

Für ca. 8 Förmchen

150 g TK-Erdbeeren
200 g Joghurt
1 EL Birnendicksaft (Reformhaus)

1 Die tiefgekühlten Beeren pürieren. Joghurt und Birnendicksaft dazugeben und gut verrühren.

2 Die Beeren-Joghurt-Masse in Eisförmchen füllen und in das Gefrierfach stellen.

Pro Stück: 28 kcal (1 g E, 4 g KH, 1 g F)

 Joghurt-Eis ist fettarm und reich an Eiweiß und Kalzium. Und die Erdbeeren steuern viel Vitamin C bei.

Kartoffelchips

Für ca. 4 Portionen

2 große Kartoffeln
Gewürze

1 Die Kartoffeln schälen und mit dem Messer oder dem Gemüsehobel in dünne Scheiben schneiden. Den Backofen auf 200 °C vorheizen.

2 Ein Blech mit Backpapier belegen, die Kartoffelscheiben darauflegen und würzen (z. B. mit Paprika, Pizzagewürz, Curry).

3 Das Blech in den Ofen schieben und die Chips ca. 20 Minuten rösten, bis sie an den Rändern leicht gebräunt und in der Mitte kross sind.

Pro Portion: 100 kcal (3 g E, 21 g KH, 0 g F)

Gemüsechips

Für ca. 4 Portionen

1 Süßkartoffel   etwas Olivenöl
1 Karotte   Meersalz
1 Pastinake

1 Das Gemüse schälen und mit einem Messer oder Gemüsehobel in dünne Scheiben schneiden.

2 Ein Backblech mit Backpapier belegen und dünn mit Öl bestreichen. Die Gemüsescheiben darauf verteilen und salzen. Im Backofen bei 70 °C ca. 4–5 Stunden trocknen lassen, bis sie knusprig sind.

Die Gemüsechips sind in einer Dose ca. 4 Wochen haltbar.

Pro Portion: 70 kcal (2 g E, 13 g KH, 1 g F)

Naschen erlaubt!?

Fruchtgummi

Die süßen Power-Snacks sind eine wunderbare Alternative zu Gummibärchen.

1 500 g ungeschwefelte Trockenfrüchte (z. B. Aprikosen, Ananas oder Feigen) im Mixer pürieren. Sie können eine Sorte oder eine Mischung aus verschiedenen Früchten verwenden.

2 Die Masse ca. 1/2 cm dick auf Backpapier aufstreichen. Im Backofen bei ca. 50 °C einige Stunden trocknen lassen, bis die Masse noch weich ist, aber so fest, dass man sie in kleine Stücke schneiden oder mit Förmchen ausstechen kann. Die Fruchtgummis in einem luftdicht verschlossenen Glas aufbewahren.

Pro Stück (5 g): 12 kcal (0 g E, 3 g KH, 0 g F)

Trockenobst selbst gemacht

Früchte mit reichlich Fruchtzucker und Fruchtsäuren, z. B. Aprikosen, Äpfel, Bananen, Birnen und Pflaumen, sind am besten zum Trocknen geeignet.

- Die Früchte je nach Sorte schälen, Kerngehäuse oder Kerne entfernen, halbieren oder in Scheiben schneiden.
- Auf einem Backblech im Ofen bei ca. 60 °C einige Stunden trocknen.

Aprikosen-Konfekt

Für ca. 20 Stück

250 g getrocknete Aprikosen	40 g Kokosflocken
40 g gemahlene Mandeln	ca. 2 EL Orangensaft

1 Die Aprikosen mit den Mandeln und 30 g Kokosflocken im Mixer pürieren. So viel Orangensaft zugeben, dass sich aus der Fruchtmasse Kugeln formen lassen.

2 Kleine Kugeln formen, in den restlichen Kokosflocken wälzen und kühl stellen.

Pro Stück: 30 kcal (1 g E, 2 g KH, 2 g F)

Schoko-Aprikosen

Für 20 Stück

20 Soft-Aprikosen (Reformhaus)
50 g Zartbitterschokolade
2 EL Kokosflocken

1 Die Schokolade grob hacken, in eine kleine Schüssel geben und im Wasserbad schmelzen lassen. Die Aprikosen zur Hälfte in die Schokolade tauchen.

2 Die Schoko-Aprikosen auf Backpapier legen, mit Kokosflocken bestreuen und im Kühlschrank fest werden lassen.

Pro Stück: 48 kcal (1 g E, 7 g KH, 2 g F)

So schmeckt's auch

Sie können natürlich auch Schokoladen-Früchtchen mit frischem Obst zubereiten, z. B. mit Kirschen, Physalis oder Erdbeeren – sie sehen besonders schön aus, wenn Sie die Stiele und das Grün dranlassen.

Trockenfrüchte

Durch ihren hohen Gehalt an natürlichem, fruchteigenem Zucker sind Trockenfrüchte schnelle und gesunde Energiespender:

- Sie sind reich an Mineralstoffen und Spurenelementen.
- Viele Ballaststoffe sorgen auf natürliche Weise für eine regelmäßige Verdauung.

Achten Sie beim Kauf darauf, dass die Trockenfrüchte ohne Konservierungsstoffe und nicht geschwefelt sind. Die etwas dunklere Farbe ist das natürliche Qualitätskennzeichen der ungeschwefelten Früchte.

Naschen erlaubt!?

Quark-Nuggets

Für 4 Personen

3 Eier
40 g Zucker
500 g Magerquark
100 g Dinkelgrieß
2 Msp. Backpulver
1 Prise Salz
etwas Milch
2 EL Kokosfett
1 EL Zucker
1 TL Zimt

1 Die Eier mit dem Zucker schaumig rühren und den Quark untermischen. Grieß, Backpulver, Salz und nach Bedarf etwas Milch unter die Masse rühren.

2 Das Kokosfett in einer beschichteten Pfanne erhitzen, den Quarkteig portionsweise hineingeben, flach drücken und bei mittlerer Hitze pro Seite ca. 1 Minute goldbraun ausbacken.

3 Auf Küchenpapier abtropfen lassen und mit Zucker und Zimt bestreut anrichten.

Pro Portion: 369 kcal (26 g E, 35 g KH, 13 g F)

Tipp

Dazu schmeckt Apfelmus sehr gut, aber auch frische Beeren oder ein Obstsalat.

Beerenstarker Quark

Für 4 Personen

200 g Quark
6 EL Milch
1 EL Honig
150 g Beeren
2 EL ungesüßter
Sanddornsaft
2 EL Haselnüsse

1 Quark mit Milch glatt rühren, mit Honig abschmecken. Die Beeren waschen, die Hälfte pürieren und mit Sanddornsaft verrühren. Quark mit Beerenpüree und Beeren vermischen und in Schälchen füllen.

2 Die Nüsse grob hacken und in einer Pfanne ohne Fett leicht rösten. Über die Creme streuen.

Pro Portion: 129 kcal (9 g E, 8 g KH, 6 g F)

Gemüse-Sticks mit Dip

Für die Rohkost-Sticks eignen sich alle knackigen Gemüsesorten, z.B. Möhren, Kohlrabi, Gurken, Paprika. Wählen Sie aus dem jeweiligen Saisonangebot aus und natürlich das, was Ihre Kinder am liebsten mögen.

Für 4 Personen

800 g gemischtes Gemüse

Für den Käse-Nuss-Dip:
1 kleines Bund Basilikum
 oder glatte Petersilie
1 EL Cashewnüsse
100 g Frischkäse (20 % Fett)
5 EL Joghurt
2 EL Milch
etwas Zitronensaft
Salz, Pfeffer

Für den Tomaten-Dip:
2 reife Tomaten
100 g Joghurt
50 g Schmand
etwas Basilikum, gehackt
Salz, Pfeffer, Zucker

Für den Möhren-Dip:
1 Möhre
1 EL Zitronensaft
120 g Magerquark
100 ml Milch
Salz, Pfeffer, Muskat

1 Das Gemüse waschen, putzen bzw. schälen. Nach Belieben in Stifte oder Scheiben schneiden oder kleine Figuren ausstechen.

2 Für den Käse-Nuss-Dip die Kräuter waschen, trockenschütteln und fein schneiden. Die Cashewnüsse hacken. Den Frischkäse mit Joghurt und Milch glatt rühren, Kräuter und Nüsse daruntermischen und mit Zitronensaft, Salz und Pfeffer abschmecken.

3 Für den Tomaten-Dip die Tomaten kurz in kochendes Wasser tauchen, häuten, entkernen, in kleine Stücke schneiden und mit dem Mixstab pürieren. Joghurt und Schmand untermischen und gut verrühren. Mit gehacktem Basilikum, Salz, Pfeffer und etwas Zucker abschmecken.

4 Für den Möhren-Dip die Möhre schälen, grob raspeln und mit Zitronensaft beträufeln. Den Magerquark mit Milch, Salz, Pfeffer und Muskat verrühren, die Möhrenraspel untermischen.

Pro Portion:
Gemüse (ohne Dip): 34 kcal (2 g E, 5 g KH, 0 g F)
Käse-Nuss-Dip: 133 kcal (6 g E, 6 g KH, 9 g F)
Tomaten-Dip: 54 kcal (2 g E, 3 g KH, 4 g F)
Möhren-Dip: 53 kcal (5 g E, 5 g KH, 1 g F)

Naschen erlaubt!?

Knusperstangen

Für ca. 25 Stück

250 g TK-Blätterteig
100 g Sonnenblumenkerne
etwas Mehl
3 EL Sesamsamen
3 EL Mohnsamen

1 Den Blätterteig auftauen lassen. Die Sonnenblumenkerne grob hacken und in einer Pfanne ohne Fett kurz anrösten.

2 Die Blätterteigplatten ausbreiten und mit etwas Wasser besprengen. Die Hälfte der Sonnenblumenkerne auf eine Seite der Teigplatten streuen, die andere Seite darüberklappen. Leicht bemehlen und auswellen.

3 Die Oberfläche der Teigplatten wieder leicht befeuchten und mit den restlichen Sonnenblumenkernen bestreuen, vorsichtig umdrehen, die andere Seite ebenfalls befeuchten und längs zur Hälfte mit Sesam und zur Hälfte mit Mohn bestreuen.

4 Die Teigplatten in Streifen schneiden, gegenläufig zu einer Spirale verdrehen und auf ein mit Backpapier ausgelegtes Blech geben. Im vorgeheizten Backofen bei 200 °C ca. 15 Minuten goldbraun backen.

Pro Stück: 83 kcal (2 g E, 5 g KH, 6 g F)

Knabberstäbchen

Für ca. 10 Stück

1 Zucchini
80 g Schmand
einige Blätter Basilikum
Salz, Pfeffer
8–10 Dinkel-Grissini
(Reformhaus)

1 Die Zucchini mit dem Sparschäler längs in hauchdünne Scheiben schneiden und in einer beschichteten Pfanne ohne Öl anbraten.

2 Den Schmand mit klein geschnittenen Basilikumblättern vermischen und mit Salz und Pfeffer würzen.

3 Die Grissini mit dem Schmand bestreichen und mit den Zucchinischeiben spiralförmig umwickeln.

Pro Stück: 96 kcal (2 g E, 16 g KH, 3 g F)

Heute wird gefeiert!

Anlässe für ein kleines Fest mit Freunden gibt es viele – der schönste ist natürlich der Geburtstag. Wenn auch das Spielen im Mittelpunkt steht, kleine süße und herzhafte Überraschungen, am besten Fingerfood, dürfen dabei allerdings nicht fehlen. Und die Rezeptvorschläge auf den folgenden Seiten kommen bei den kleinen Gästen sicher ganz prima an.

Extra: Mit Kindern kochen

Eine gute Möglichkeit, Mahlzeiten und gesunde Nahrungsmittel für Kinder interessant zu machen, ist es, mit ihnen gemeinsam einzukaufen und sie auch an der Auswahl und Zubereitung der Speisen teilhaben zu lassen – nicht nur, wenn die Vorbereitung für eine Geburtstagsparty ansteht.

Mit Kindern kochen erfordert natürlich Zeit und Geduld und kleine Pannen sind vorprogrammiert. Trotzdem: Versuchen Sie, gemeinsames Kochen regelmäßig einzuplanen und Ihr Kind nicht nur beim Plätzchenbacken an Weihnachten an den Herd zu lassen.

Kochen macht Spaß

Denn Kochen mit Kindern bedeutet auch Schmecken, Riechen, Berühren, Dekorieren, Verzieren und viel Spaß. Ermuntern Sie Ihre Kinder, neue Gerichte auszuprobieren, und fördern Sie ihr Interesse am Kochen. Ein Kind, das sich in der Küche zu Hause fühlt, entwickelt auch automatisch eine gesunde Einstellung zum Essen und lernt wichtige Zusammenhänge kennen.

Übung macht den Mini-Koch

Weisen Sie Ihrem Kind kleine Aufgaben zu, lassen Sie es die Zutaten in die Schüssel geben, den Salat zupfen oder das Salatdressing in einem verschlossenen Marmeladenglas mixen. Verzieren können schon die Kleinsten: z. B. Gesichter auf Brötchen und Pizzas zaubern, bunte Spießchen zusammenstecken. Hier können sie ihrer Phantasie freien Lauf lassen. Kinder im Grundschulalter können bereits einfache Rezepte mit bis zu fünf Zutaten nachkochen.

Übrigens: Kinder sollten lernen, dass auch Aufräumen, Abspülen und Abtrocknen zum Kochen dazugehören!

Kleine Pannenhilfe

Auch wenn Ihre Kinder wissen, dass sie elektrische Mixer, heiße Pfannen und Kochplatten nicht berühren dürfen, kann es beim Kochen natürlich schon mal zu kleinen Verletzungen kommen:

- Bei Schnittwunden die Stelle unter kaltes Wasser halten, mit einem sauberen Papiertuch trockentupfen und ein Pflaster daraufkleben.
- Bei kleinen Verbrennungen die Wunde unter eiskaltes Wasser halten oder einen Eiswürfel daraufgeben. Danach mit Brandschutzsalbe behandeln.

Sicher ist sicher

Kinder müssen lernen, dass es beim Kochen auch Gefahrenquellen gibt. Kleine Kinder sollten in der Küche nicht unbeaufsichtigt sein.

- Lassen Sie Ihr Kind nicht alleine mit elektrischen Geräten hantieren.
- Besondere Vorsicht ist natürlich bei scharfen Messern geboten. Wichtig ist eine rutschfeste Unterlage beim Schneiden.
- Heiße Töpfe und Pfannen sollte Ihr Kind nur mit einem Topflappen anfassen!

Lassen Sie ruhig auch mal Ihr Kind den Kochlöffel schwingen

Hygiene ist wichtig

Achten Sie auf Sauberkeit in der Küche. Auch Kinder müssen lernen, sich die Hände zu waschen, wie man Lebensmittel hygienisch aufbewahrt und zubereitet. Die wichtigsten Regeln:

- Vor dem Kochen sollten Sie und alle Helfer die Hände mit Seife waschen.
- Die Arbeitsfläche ebenfalls mit Seife sauber abwischen, nach jedem Arbeitsgang wiederholen.
- Rohes Fleisch oder Geflügel weder im Kühlschrank noch bei der Verarbeitung mit anderen Lebensmitteln zusammenbringen. Alle Geräte und Schneidebretter, die mit rohem Fleisch in Kontakt gekommen sind, danach gründlich reinigen.
- Ungekochtes Essen – auch roher Kuchenteig – sollte für Kinder tabu sein.
- Stellen Sie Essensreste sofort in den Kühlschrank. Bei Raumtemperatur vermehren sich eventuell vorhandene Bakterien im Handumdrehen.
- Einige Lebensmittel wie selbst gemachte Mayonnaise oder Tiramisu enthalten rohe Eier und sind für Kinder ungeeignet.

Spießchen-Mix

Für 8 Portionen

1 kg kleine Kartoffeln
700 g Rinderhackfleisch
300 g Semmelbrösel
150 g Magerquark
3 Eier
2 EL Senf
100 g Kürbiskerne, gehackt
Salz, Pfeffer
300 g Zucchini
3 Paprikaschoten
4 EL Öl
edelsüßer Paprika
Majoran
Schaschlikspieße

1 Die Kartoffeln gründlich waschen und mit Schale in Salzwasser knapp gar kochen. Abgießen und ausdampfen lassen.

2 Das Hackfleisch mit Semmelbröseln, Quark, Eiern, Senf und Kürbiskernen gut zu einer festen Masse vermengen und mit Salz und Pfeffer abschmecken. Kleine Bällchen daraus formen.

3 Die Zucchini waschen und in Scheiben schneiden, die Paprikaschoten putzen, waschen und in Stücke schneiden.

4 Das Öl in einer kleinen Schüssel mit Salz, Pfeffer, Paprika und Majoran mischen.

5 Kartoffeln, Fleischbällchen und Gemüse jeweils – oder auch abwechselnd – auf Spieße stecken, mit dem Würzöl einpinseln und auf den Grill (oder in den Backofen auf Grillstufe) legen. Zwischendurch wenden und mit Öl bepinseln.

6 Die Spießchen mit Ketchup, am besten dem selbstgemachten von Seite 70, oder mit einem Joghurt-Dip (Seite 94 und 101) servieren.

Pro Portion: 545 kcal (31 g E, 45 g KH, 25 g F)

So schmeckt's auch

Es muss nicht immer Fleisch sein: Sehr lecker sind die Spießchen auch mit gewürztem Tofu, den man in Würfel schneidet und zwischen das Gemüse steckt.

Heute wird gefeiert!

Gefüllte Kartoffeln

Für 8 Portionen

8 große Kartoffeln	2 Eigelb
150 g Käse (z. B. Gouda)	1 EL Kartoffelstärke
1 Bund Schnittlauch	Salz, Pfeffer
200 g Schmand	

1 Kartoffeln bürsten und in Salzwasser gar kochen. Käse grob raspeln. Schnittlauch waschen, in feine Röllchen schneiden.

2 Die Kartoffeln abkühlen lassen, halbieren und bis auf einen ca. 1 cm dicken Rand aushöhlen. Die ausgelöste Kartoffelmasse mit Schmand, Eigelb, Käse, Schnittlauch und Kartoffelstärke verrühren, mit Salz und Pfeffer würzen.

3 Die Kartoffelhälften füllen, auf ein Backblech legen und im vorgeheizten Ofen bei 200 °C ca. 20 Minuten backen.

Pro Portion: 316 kcal (11 g E, 39 g KH, 12 g F)

Kartoffeln mit Dip

Für 8 Portionen

1,2 kg kleine Kartoffeln	250 g saure Sahne
4 Tomaten	1 EL Tomatenmark
2 Frühlingszwiebeln	Salz, Pfeffer
1 Bund glatte Petersilie	1 Prise Zucker
400 g fettarmer Joghurt	

1 Die Kartoffeln gut waschen und mit Schale in ca. 20 Minuten gar kochen.

2 Die Tomaten waschen und klein würfeln. Die Frühlingszwiebeln waschen und in feine Röllchen schneiden. Petersilie waschen, trockenschütteln und fein hacken.

3 Joghurt, saure Sahne und Tomatenmark verrühren, Tomaten, Frühlingszwiebeln und Petersilie untermischen, mit Salz, Pfeffer und Zucker abschmecken.

4 Die gegarten Kartoffeln auf einer Seite kreuzweise einschneiden, etwas auseinander drücken und einen Klecks Dip hineinfüllen.

Pro Portion: 161 kcal (7 g E, 25 g KH, 3 g F)

Knusper-Häppchen

Toasts und Crostini sind das ideale Fingerfood für jede Party. Aber die leckeren Vollkornscheiben, bunt belegt mit gesundem Gemüse, eignen sich auch als leichtes Abendessen oder als Snack für den kleinen Hunger zwischendurch.

Toast Hawaii

Für 8 Stück

8 Scheiben Vollkorntoast
150 g Schinken
200 g Gouda
4 Scheiben Ananas
2 EL Magerquark
2 EL Schmand
Salz, Pfeffer

1 Den Backofen auf 180 °C vorheizen. Die Toastscheiben im heißen Ofen kurz anrösten.

2 Schinken, Käse und Ananas in kleine Würfel schneiden und mit Quark und Schmand vermischen. Mit Salz und Pfeffer abschmecken.

3 Die gerösteten Toastscheiben mit der Schinken-Käse-Mischung dick bestreichen und ca. 5 Minuten im Ofen überbacken.

Pro Stück: 181 kcal (12 g E, 11 g KH, 9 g F)

So schmeckt's auch

Der Belag lässt sich beliebig variieren: Mischen Sie z. B. anstelle der Ananas 4 EL grüne Erbsen unter die Schinken-Käse-Mischung oder einige in Scheiben geschnittene Champignons.

Heute wird gefeiert!

Thunfisch-Crostini

Für 8 Stück

4 Scheiben Vollkorntoast
2 EL Olivenöl
4 Tomaten
etwas frisches Basilikum
1 Dose Thunfisch
im eigenen Saft
Salz, Pfeffer

1 Die Toastscheiben halbieren und in einer beschichteten Pfanne mit Olivenöl goldbraun rösten.

2 Die Tomaten waschen, Stielansätze entfernen, entkernen und in kleine Würfel schneiden. Das Basilikum waschen, trockenschütteln und in Streifen schneiden. Thunfisch abgießen und zerteilen. Alles miteinander vermischen und mit Salz und Pfeffer würzen.

3 Die Tomaten-Thunfisch-Mischung auf den gerösteten Toastscheiben verteilen.

Pro Stück: 122 kcal (14 g E, 6 g KH, 5 g F)

So schmeckt's auch

Sie können die Crostini auch ohne Thunfisch zubereiten und klein gewürfelten Mozzarella untermischen. Oder die Thunfisch-Crostini mit etwas Mozzarella im heißen Ofen kurz überbacken.

Gemüse-Crostini

Für 8 Stück

300 g Tomaten
2 Paprikaschoten
1 Zucchini
2 Frühlingszwiebeln
1 kleines Vollkornbaguette
2 EL Olivenöl
Salz, Pfeffer
Basilikum, Thymian
250 g Mozzarella

1 Die Tomaten einritzen, kurz in kochendes Wasser tauchen, enthäuten und würfeln. Paprika, Zucchini und Frühlingszwiebeln putzen, waschen und ebenfalls in kleine Würfel schneiden. Den Backofen auf 200 °C vorheizen.

2 Das Baguette schräg in Scheiben schneiden und im heißen Ofen anrösten. Das Olivenöl in einer Pfanne erhitzen und die Gemüsewürfel darin anbraten. Mit Salz, Pfeffer und Kräutern würzen. Mozzarella würfeln und mit dem Gemüse mischen.

3 Gemüse-Käse-Mischung auf den gerösteten Toastscheiben verteilen und noch mal für ca. 5 Minuten in den Ofen schieben, bis der Käse geschmolzen ist.

Pro Stück: 180 kcal (9 g E, 15 g KH, 9 g F)

Überraschungs-Päckchen

Man muss ja nicht gleich verraten, was da auf dem Grill liegt. Dann ist die Überraschung umso größer, wenn die in Alufolie oder auch in Bananenblätter gewickelten Päckchen geöffnet werden. Was die Gemüse- und Obstsorten betrifft: Da kann ganz nach Geschmack und Saisonangebot variiert werden.

Fisch-Versteck

Für 8 Portionen

500 g Kabeljaufilet
16 Kirschtomaten
1 Bund Basilikum
etwas Zitronensaft
4 EL Olivenöl
Salz, Pfeffer

1 Das Fischfilet waschen, trockentupfen und in 8 Stücke teilen (TK-Ware vorher auftauen lassen). Die Tomaten waschen und halbieren, den Stielansatz entfernen. Basilikum waschen, trockenschütteln und die Blättchen abzupfen.

2 Alufolie in 8 ca. DIN A4 große Stücke schneiden, jeweils 1 Fischportion darauf legen, mit etwas Zitronensaft und Olivenöl beträufeln. Tomaten und Basilikumblätter dazugeben, würzen und die Alufolie gut zu Päckchen verschließen.

3 Auf dem Grill oder im vorgeheizten Backofen bei 200 °C ca. 10–15 Minuten garen.

Pro Portion: 123 kcal (11 g E, 1 g KH, 8 g F)

Heute wird gefeiert!

Gemüse-Päckchen

Für 8 Portionen

500 g Zucchini	200 g schnittfester
300 g Champignons	Frischkäse
1 Bund Basilikum	Salz, Pfeffer
4 EL Olivenöl	

1 Das Gemüse putzen und waschen. Zucchini in dicke Scheiben schneiden, Champignons halbieren, Basilikum waschen und trockenschütteln, die Blättchen abzupfen.

2 Alufolie in 8 Stücke schneiden, das Gemüse, die Basilikumblätter und den in kleine Würfel geschnittenen Käse darauf verteilen, würzen und mit etwas Öl beträufeln.

3 Die Folie gut verschließen und die Päckchen auf den Grill oder in den vorgeheizten Backofen legen und bei 180 °C ca. 30 Minuten garen.

Pro Portion: 171 kcal (5 g E, 3 g KH, 15 g F)

Garen in Folie

In Alufolie oder Pergamentpapier gewickelt, kann Gemüse besonders schonend im eigenen Saft garen. Die Vorteile:

- Man braucht sehr wenig Fett.
- Die Nährstoffe und der Eigengeschmack bleiben weitestgehend erhalten.

Achtung beim Öffnen: sehr heiß und der Saft kann auslaufen!

Früchte-Tüte

Für 8 Portionen

2 Packungen Bananenblätter	200 g Kirschen
(Asia-Laden)	1 Vanilleschote
3 Bananen	4 TL flüssiger Honig
3 Pfirsiche	etwas Zimt
4 Aprikosen	

1 Die Bananenblätter in 8 Rechtecke (ca. 20 x 30 cm) schneiden und kurz mit kochendem Wasser überbrühen, damit sie sich besser biegen lassen. Dann kalt abspülen und trockentupfen. Zu Tüten zusammenstecken und mit Zahnstochern gut verschließen.

2 Die Bananen schälen und in dicke Scheiben schneiden, Pfirsiche und Aprikosen waschen, entsteinen und in Stücke teilen, Kirschen waschen und entkernen. Die Vanilleschote der Länge nach aufritzen und das Mark entfernen. Honig mit Vanillemark und Zimt verrühren.

3 Die Tüten mit dem Obst füllen, mit etwas Honig beträufeln und mit Zahnstochern gut verschließen, damit beim Grillen die Flüssigkeit nicht austreten kann.

4 Die Früchte-Päckchen auf den Grill oder in den Backofen (Grillstufe einstellen) legen und ca. 8–10 Minuten grillen, dabei einmal wenden.

Pro Portion: 88 kcal (1 g E, 20 g KH, 0 g F)

Früchtchen im Schokobad

Das Obst für das Schokoladenfondue können Sie nach Jahreszeit und Lieblingssorten Ihrer Kinder wählen, z. B. Erdbeeren, Kiwis, Bananen, Ananas, Physalis, Mandarinen.

Für 8 Portionen

400 g Zartbitterschokolade
150 ml Sahne
100 ml Orangensaft
ca. 1 kg frische Früchte

1 Die Schokolade grob hacken. Die Sahne erhitzen und die Schokolade darin unter Rühren nach und nach schmelzen lassen, ohne sie zum Kochen zu bringen. Den Saft dazugeben.

2 Die Schokoladensauce auf ein Stövchen mit Teelicht stellen und warm halten, aber nicht kochen lassen.

3 Das Obst waschen, in mundgerechte Teile schneiden und auf Tellern anrichten. Die Früchte auf eine Gabel oder ein Holzstäbchen spießen und in die Schokolade tauchen.

Pro Portion: 399 kcal (5 g E, 39 g KH, 24 g F)

Süße Variante

Zugegeben: Schokofondue ist eine kleine Kalorienbombe, aber bei besonderen Anlässen schon mal erlaubt. Und die Früchte sorgen dabei für einen extra Vitaminschub.

- Sie können auch weiße Schokolade verwenden oder einen Teil der Zartbitterschokolade durch die Sorten Vollmilch oder Vollmilch-Nuss ersetzen, dann wird das Fondue süßer.
- Bitterschokolade ist allerdings etwas fettärmer, enthält im Vergleich weniger Zucker und hat einen niedrigen glykämischen Index, macht also nicht Hunger auf mehr. Sie sollte deshalb immer den Löwenanteil ausmachen.

Heute wird gefeiert!

Schokoladen-Schmetterling

Für 8 Stück

5 Eier
4 EL warmes Wasser
120 g Vollrohrzucker
Salz
etwas Zitronensaft
2 EL Kakao

175 g feines Dinkelmehl
1 TL Backpulver

Für die Füllung
250 ml Sahne
80 g Zartbitterkuvertüre

1 Für die Füllung am Vortag die Sahne aufkochen, den Topf vom Herd ziehen und die gehackte Kuvertüre darin auflösen. In eine Schüssel umfüllen und über Nacht in den Kühlschrank stellen.

2 Für die Torte die Eier trennen. Eiweiß zu Schnee schlagen. Eigelb mit warmem Wasser, Zucker, Salz und Zitronensaft schaumig schlagen. Kakaopulver und das mit Backpulver vermischte Mehl unterheben, das Eiweiß vorsichtig unterziehen.

3 Eine Tortenform mit Backpapier auslegen. Den Teig darauf verteilen und im vorgeheizten Ofen bei 200 °C auf der 2. Schiene von unten ca. 35 Minuten backen.

4 Den Biskuitboden auf einen Kuchenrost stürzen und erkalten lassen. Danach halbieren und die beiden Halbkreise waagrecht durchschneiden.

5 Die vorbereitete Schokoladensahne aus dem Kühlschrank nehmen und kräftig aufschlagen. Die Tortenhälften damit füllen und Rücken an Rücken legen, sodass ein Schmetterling entsteht. Mit Früchten und Sahne dekorieren.

Pro Stück: 346 kcal (10 g E, 36 g KH, 19 g F)

So schmeckt's auch

Für einen hellen „Schmetterling" lassen Sie einfach den Kakao weg und füllen ihn mit einer etwas weniger gehaltvollen Joghurtcreme.

Joghurt-Füllung

600 g Joghurt (1,5 % Fett)
80 g Zucker
200 ml Sahne

100 ml Milch (1,5 % Fett)
1 gestr. TL Agar-Agar

1 Joghurt mit der Hälfte des Zuckers gut verrühren. Die Sahne mit dem restlichen Zucker steif schlagen und vorsichtig unter die Joghurtmasse heben. Die Milch erhitzen und das Agar-Agar darin auflösen. Abkühlen lassen und unter die Joghurt-Sahne-Masse rühren.

2 Die Torte mit der Joghurtcreme füllen und für etwa 2 Stunden in den Kühlschrank stellen.

Apfel-Muffins

Für 12 Stück

1 großer säuerlicher Apfel
200 g Weizen-Vollkornmehl
60 g gemahlene Haselnüsse
2 TL Backpulver
1 Prise Salz

100 g Zucker
80 ml Öl
2 Eier
200 ml Buttermilch

1 Den Backofen auf 180 °C vorheizen. Das Muffin-Blech fetten oder mit Papierförmchen auskleiden. Den Apfel schälen und grob raspeln.

2 Mehl mit Haselnüssen, Backpulver, Salz und Zucker mischen. Das Öl mit den Eiern und der Buttermilch verrühren. Die Mehlmischung unter die Buttermilchmasse heben und gut vermengen. Den geriebenen Apfel untermischen.

3 Den Teig in die Mulden des Muffin-Blechs füllen und ca. 20 Minuten backen.

4 Die Muffins herausnehmen, auskühlen lassen und aus der Form heben.

Pro Stück: 208 kcal (5 g E, 21 g KH, 11 g F)

Tipp

Wenn Sie kein Muffin-Blech haben, können Sie einfach zwei Papierförmchen ineinander stellen und den Teig einfüllen.

Heute wird gefeiert!

Erdbeer-Tiramisu

Für 8 Portionen

150 g Löffelbiskuits
6 EL frisch gepresste Orangensaft
400 g Magerquark
4 EL Vanillezucker
200 g Sahne
500 g Erdbeeren
2 EL Kakaopulver

1 Die Hälfte der Löffelbiskuits in einer rechteckigen Form auslegen und mit Orangensaft beträufeln.

2 Den Quark mit Vanillezucker verrühren. Die Sahne steif schlagen und unterheben. Die Erdbeeren waschen, putzen und in Scheiben schneiden.

3 Ein Drittel der Quarkcreme auf den Biskuits verteilen, die Hälfte der Erdbeeren darauflegen. Darüber etwas Quarkcreme geben, dann die restlichen Erdbeeren und Löffelbiskuits als letzte Schicht die restliche Quarkcreme darauf verteilen.

4 Das Tiramisu etwa 4 Stunden kalt stellen. Vor dem Servieren mit Kakaopulver bestäuben.

Pro Portion: 252 kcal (10 g E, 30 g KH, 10 g F)

Tipp

Je nach Jahreszeit kann man das Tiramisu auch mit frischen Himbeeren oder Brombeeren zubereiten, im Winter mit tiefgekühlten Früchten.

Party-Drinks

Für diese köstlichen Drinks lassen Kinder jede Limonade stehen. Und die fruchtigen Mixgetränke schmecken nicht nur toll, sondern haben's in sich – nämlich jede Menge Vitamine und Bioaktivstoffe.

Beeren-Mix

Für 8 Gläser

1/2 l Früchtetee
800 g gemischte Beeren
 (frisch oder TK)
1/4 l Johannisbeersaft
 (ohne Zuckerzusatz)
Saft von 1 Zitrone
800 ml Mineralwasser mit
 Kohlensäure

1 Früchtetee zubereiten und abkühlen lassen. Die Beeren waschen und in ein Bowlegefäß füllen (tiefgekühlte Beeren unaufgetaut verwenden). Mit kaltem Früchtetee, Johannisbeersaft, Zitronensaft und Mineralwasser aufgießen.

Pro Glas: 100 kcal (1 g E, 22 g KH, 0 g F)

So schmeckt's auch

Für eine Früchte-Bowle nehmen Sie einfach verschiedene Obstsorten, z. B. Melonen, Pfirsiche, Weintrauben, Kirschen, und schneiden sie in Stücke.

Gummibärchen-Bowle

Für 8 Gläser

40 Gummibärchen
1/4 l Orangensaft
 (frisch gepresst)
1 l Apfelsaft
 (ohne Zuckerzusatz)
1 l Mineralwasser mit
 Kohlensäure

1 Je zwei Gummibärchen in ein Eiswürfelfach geben und mit Orangensaft aufgießen. Die Eiswürfel einige Stunden gefrieren lassen.

2 Den Apfelsaft mit Mineralwasser vermischen und die Bärchen-Eiswürfel dazugeben.

Pro Glas: 110 kcal (1 g E, 26 g KH, 0 g F)

Heute wird gefeiert!

Früchtepunsch

Für 8 Gläser

1/2 l Rotbuschtee
1/2 l Hibiscus- oder
   Hagebuttentee
2 Zimtstangen
6 Nelken
2 Sternanis
2 Orangen
1/2 l schwarzer Johannis-
   beersaft (ohne Zuckerzusatz)
evtl. etwas Honig

1 Tee mit den Gewürzen zubereiten und 10 Minuten ziehen lassen. Die Orangen auspressen. Den Tee durchseihen, Johannisbeersaft und ausgepressten Orangensaft zugeben und evtl. mit etwas Honig abschmecken.

2 Den Punsch wieder erhitzen (aber nicht kochen lassen) und in Gläser füllen.

Pro Glas: 61 kcal (1 g E, 14 g KH, 0 g F)

Bananen-Flip

Für 8 Gläser

2 Bananen
50 g Kokosflocken
1/2 l fettarme Milch
300 ml Buttermilch
Saft von 1 Zitrone

1 Die Banane in Stücke schneiden und mit den übrigen Zutaten im Mixer oder mit dem Pürierstab zu einem sämigen Drink verrühren. In Gläser füllen und servieren.

Pro Glas: 114 kcal (4 g E, 12 g KH, 5 g F)

Limetten-Cocktail

Für 8 Gläser

8 Limetten
8 TL braunen Zucker
Crushed Ice
800 ml Ananassaft
   (ohne Zucker, aus dem
   Reformhaus)

1 Die Limetten heiß abwaschen und in kleine Würfel schneiden. Auf die Gläser verteilen und mit Zucker bestreuen. Mit einem Stößel zerdrücken, damit der Saft austritt. Eis dazugeben und mit Ananassaft auffüllen.

Pro Glas: 149 kcal (1 g E, 24 g KH, 3 g F)

Extra Kinderlebensmittel

Monsterbacke, Zauberflakes oder Bärchenwurst – Joghurt, Cerealien, Wurst und sogar Käse gibt es mittlerweile in bunten Verpackungen, inklusive mitgeliefertem Spielzeug, Klebebildchen oder Gewinnspielen. Doch spezielle Fertigprodukte für Kinder sind überflüssig: zu süß, zu fett, zu viele künstliche Aromastoffe.

Fast immer werben die Hersteller damit, dass entsprechende Kinderprodukte besonders gesund und genau auf die Bedürfnisse von Kindern zugeschnitten seien. Allerdings, wie eine Untersuchung von der Stiftung Warentest zeigt, sind Kinderlebensmittel meist unausgewogen und – je nach Produktgruppe – zu süß, zu fett und insgesamt zu kalorienreich.

Viel zu pfundig!

Die Entstehung von Übergewicht und Karies ist bei den meisten Produkten also vorprogrammiert. Ein Beispiel: Eine Portion Pommes frites schlägt mit rund 12 g Fett und 300 Kalorien zu Buche. 100 g Geflügel-Nuggets liefern sogar bis zu 28 g Fett pro 100 g, Pizza Salami etwa 35 g Fett und rund 800 Kalorien pro Portion.

Das bedeutet, ein Grundschulkind würde im Extremfall mit einer Portion Pommes, Nuggets oder Pizza bereits mehr als die Hälfte der täglich empfohlenen Fett- bzw. Kalorienmenge aufnehmen.

Falsche Versprechen

„Die Anzahl der so genannten Kinderlebensmittel hat sich in den letzten fünf Jahren verdreifacht", so das Forschungsinstitut für Kinderernährung in Deutschland. Slogans wie „Die wertvolle Zwischenmahlzeit für Kids" oder „... decken den Tagesbedarf an wichtigen Vitaminen" appellieren unterschwellig an das Gesundheitsbewusstsein der Eltern. Doch wie Untersuchungen zeigten, ist gerade das Gegenteil der Fall. Oftmals werden diese Nährstoffe zwar zugegeben, ohne jedoch den tatsächlichen Bedarf von Kindern zu berücksichtigen. Meist beziehen sich die Angaben auf den Tagesbedarf von Erwachsenen. Kinder brauchen aber weniger.

Viel zu künstlich!

Fertigprodukte schwören Kinder schon früh auf einen Einheitsgeschmack ein. Besonders problematisch ist der Geschmacksverstärker Glutamat, der Appetit auf mehr macht. Zugesetzte Aromastoffe zerstören das natürliche Geschmacksempfinden, da diese Produkte um ein Mehrfaches intensiver schmecken als eine natürliche Frucht.

Nachgerechnet

Um seinen täglichen Kalziumbedarf tatsächlich zu decken, müsste ein neunjähriges Kind ungefähr 17 Milchschnitten essen, würde aber gleichzeitig 40 Stück Würfelzucker und ein halbes Paket Butter zu sich nehmen.

Mit einer Portion Vollkornmüsli dagegen verspeist ein Schulanfänger schon bis zu drei Viertel seines Tagesbedarfs an wichtigen Vitaminen.

Produkt-bezeichnung	Packungs- bzw. Por- tionsgröße	kcal	E	KH	F	Kommentar
Milchprodukte						
Fruchtzwerge (Danone)	50 g	57 kcal	3,3 g	7,1 g	1,8 g	Kleine Portion, sättigt nur mäßig
Milchmischgetränk Yoco Joghurt-Drink Erdbeer (Nestle)	200 g	81 kcal	2,8 g	13,5 g	1,8 g	Sehr süßes Getränk, als Süßigkeit zu betrachten
Quarkbausteine (Onken)	200 g	140 kcal	13,4 g	28,8 g	12,4 g	Viel Fett, Zucker, künstliche Aromastoffe
Nesquick trinkfertig (frischli)	333 ml	260 kcal	12 g	43 g	5,8 g	Als Durstlöscher ungeeignet, zu viel Zucker
Convenience-Produkte						
Tomato Pronto Kräuter (Holo)*	85 g	24 kcal	0,9 g	4,3 g	0,2 g	Ohne Konservierungsmittel und Geschmacksverstärker
Kids Tomatensuppe mit lustigen Nudeln (Maggi)	250 ml	151 kcal	3,9 g	24,8 g	4,1 g	Wenig Kalorien und Fett, dafür reichlich Salz
Fischstäbchen (Käpt'n Iglo)	90 g	166 kcal	10,8 g	14,4 g	7,2 g	Panade saugt beim Braten viel Fett auf
Kartoffelzubereitung Golden Comix (McCain)	100 g	203 kcal	2,5 g	28 g	9,0 g	Konservierungsmittel, gehärtete Fette und Salz
Lunchables Fun Box Salami (Kraft)	93 g + 200 g	475 kcal	14,5 g	44 g	26,5 g	Viel Fett und Konservierungsmittel. Ersetzt kein selbst zubereitetes Pausenbrot
Süßigkeiten						
Knusper-Früchte-Banane (Neuform)*	10 Stück = 10 g	38 kcal	0,4 g	9,0 g	0,1 g	Biochips ohne Fett- und Zuckerzusatz
Bonbon Nimm 2 (Storck)	12 g	44 kcal	0,1 g	11 g	0,1 g	Zu viel Zucker
Gummibärchen ohne Gelatine (Liebhart's Gesundkost)*	15 g	51 kcal	0 g	12,5 g	0 g	Ohne chemische Farb- und Aromastoffe, natürliche Süßungsmittel
Lachgummis (Storck)	15 g	51 kcal	1,2 g	10,9 g	0 g	Reichlich Zucker und künstliche Aromen
Vollkorn „Pumuckl Keks" (3 Pauly)*	30 g	128 kcal	2,7 g	20,4 g	3,9 g	Vollkornmehl, keine gehärteten Fette, natürliche Süßungsmittel
Bio Kekse „Krümelmonster Kekse" (Dr. Ritter)*	30 g	130 kcal	2,0 g	17,9 g	5,6 g	Vollkornmehl, keine gehärteten Fette, natürliche Süßungsmittel
Fruchtschnitte „Banilla" (Liebhart's Vitana)*	45 g	167 kcal	2,8 g	27,5 g	5,1 g	54 Prozent Banane, keine gehärteten Fette, natürliche Süßungsmittel

Quelle: Forschungsinstitut für Kinderernährung, Dortmund (www.fko-do.de) sowie Angaben des Reformhauses (Produkte aus dem Reformhaus mit *)

Wochenplan: 7 Tage optimal essen

Der Rezeptplan ist für ein 4–6-jähriges Kind gedacht.
Für ältere Kinder können Sie die Portionen entsprechend vergrößern.

	Montag	Dienstag	Mittwoch
Frühstück	**Guten-Morgen-Müsli** Siehe Rezept S. 24 1 Tasse Früchte- oder Kräutertee	**Frucht-Shake** 1 kleines Stück Banane mit 100 ml Multivitaminsaft, 1 TL Milchhefeflocken, 1 El Quark, etwas Zitronensaft und Honig mixen 1 Glas Saftschorle	**Nougat-Toast mit Banane** 1 geröstete Scheibe Vollkorntoast mit 1 EL Nougatcreme (selbst gemacht, Rezept S. 29) und einigen Bananenscheiben 1 Tasse Früchtetee
Pausenbrot oder 1. Zwischenmahlzeit	**Brot am Spieß** 1 große Scheibe Vollkornbrot mit 2 EL Kräuterfrischkäse, 3–4 Radieschen, etwas Gurke, 1 Scheibe Putenschinken, 30 g Gouda in Würfeln auf einem Holzspieß 1 Tasse Früchtetee	**Nougat-Toast mit Soft-Aprikosen** 1 geröstete Scheibe Vollkorntoast mit 1 EL Nougatcreme (Rezept S. 29), dazu 4–6 ungeschwefelte Soft-Aprikosen 1 Glas Kakao	**Zebrabrot** 1 EL Kräuterfrischkäse mit Salz, Pfeffer, Zitronensaft, Schnittlauch verrühren, 1 Scheibe Vollkornbrot vierteln, damit bestreichen, übereinander legen 1 Tasse Früchtetee
Mittagessen	**Pizza „Wünsch dir was"** Siehe Rezept S. 69 (Belag: Gemüse, 1 Scheibe Putenbrust, 2 EL Gouda) 1 Glas Mineralwasser oder Saftschorle	**Hähnchen im Spinatbett** Siehe Rezept S. 58 1 Glas Mineralwasser oder Saftschorle	**1–2 Fischstäbchen auf Vollkorntoast** Siehe Rezept S. 77 1 Glas Mineralwasser oder Saftschorle
Nachmittagssnack	**Obstsalat mit Vanillejoghurt** 150 g gemischtes, frisches Obst mit 3–4 EL Vanillejoghurt	**1 Riegel Schokolade (20 g)** 1 Glas Saftschorle	**1 Fruchtschnitte (30 g)** 1 Glas Limonade
Abendbrot	**Toast mit knackigem Belag** 1 geröstete Scheibe Vollkorntoast mit 1 EL vegetarischem Brotaufstrich, 1 Salatblatt, 1–2 Radieschen und 1/4 Paprika 1 Glas Saftschorle	**Brot mit Rohkost** 1 Scheibe Vollkornbrot mit 1 EL Quark oder vegetarischem Brotaufstrich, dazu Gemüse-Sticks (je 1/2 Paprika und Möhre, 1/4 Kohlrabi) 1 Tasse Kräuter- oder Früchtetee	**Bunter Nudelsalat** Siehe Rezept S. 50 1 Glas Saftschorle

Donnerstag	Freitag	Samstag	Sonntag
Guten-Morgen-Müsli Siehe Rezept S. 24 1 Glas Saftschorle (Direktsaft mindestens 1:2 mit Mineralwasser* mischen)	**Brot mit süßem Aufstrich** 1 Scheibe Vollkornbrot mit 1 TL ungehärteter Margarine und 1 EL süßem Fruchtaufstrich oder Honig 1 Glas Saftschorle	**Nougat-Toast mit Banane** 1 geröstete Scheibe Vollkorn-Toast mit 1 EL Nougatcreme (Rezept S. 29) und einigen Bananenscheiben 1 Tasse Früchte- oder Kräutertee	**Sonntags-Frühstück** 1 Milchhörnchen mit 2 EL Quark und 1 EL Fruchtaufstrich, 1 weich oder hart gekochtes Ei 1 Tasse heißer Kakao oder Soja-Drink Kakao
Nougat-Toast mit Soft-Aprikosen 1 geröstete Scheibe Vollkorntoast mit 1 EL Nougatcreme (Rezept S. 29), dazu 4–6 ungeschwefelte Soft-Aprikosen. 1 Glas Kakao	**Brot-Rolle** Siehe Rezept S. 39 1 Tasse Früchtetee	**Joghurt mit Apfel** 150 g Joghurt mit klein geschnittenem Apfel und etwas Honig 1 Glas Saft, frisch gepresst oder Direktpress-Saft	**Gemüse-Sticks mit Quark-Dip** Siehe Rezept S. 94 1 Glas Saft, frisch gepresst oder Direktpress-Saft
Gemüse-Wrap Siehe Rezept S. 38 1 Glas Mineralwasser oder Saftschorle	**Fischpfanne** Siehe Rezept S. 54 1 Glas Mineralwasser oder Saftschorle	**Tofu-Burger** Siehe Rezept S. 78, mit 1 Vollkornbrötchen, 1 EL Ketchup, Salatblatt, Tomaten- und Gurkenscheiben 1 Glas Mineralwasser oder Saftschorle	**Spaghetti mit Schnitzel** Siehe Pasta-Rezept S. 66 mit 80 g gebratenem Kalbschnitzel 1 Glas Mineralwasser oder Saftschorle
Beeren-Mix Siehe Rezept S. 110	**1 Riegel Schokolade (20 g)** 1 Glas Saftschorle	**Mango-Mix** Siehe Rezept S. 26, dazu 2 EL Studentenfutter	**1 kleines Stück Kuchen** oder 2 kleine Kugeln Fruchteis, 1 EL Erdnüsse zum Knabbern 1 Glas Malzkaffee mit Milch
Wurstbrot mit Rohkost 1 Scheibe Vollkornbrot mit 1 TL ungehärteter Margarine und 1 Scheibe Wurst (Corned Beef, Putenbrust), dazu 1 Möhre, 1 Stück Kohlrabi, 1/4 Paprika 1 Tasse Kräutertee	**Gemüse-Crostini** Siehe Rezept S. 103 1 Glas Saftschorle	**Reissalat** Siehe Rezept S. 50 1 Tasse Kräuter-oder Früchtetee	**ABC-Suppe mit Grünkern** Siehe Rezept S. 46 1 Glas Saftschorle

Der Wochenplan orientiert sich an Rezepten, die Ernährungsexperten der Reformhaus-Fachakademie entwickelt und in der Praxis erprobt haben. Er ist ausgerichtet am Konzept der „optimierten Mischkost" vom Forschungsinstitut für Kinderernährung in Dortmund.
* Kaufen Sie grundsätzlich kalziumreiches Mineralwasser.

Rezeptregister

A

ABC-Suppe mit Grünkern 46
Apfel-Muffins 108
Apfel-Nuss-Brötchen 29
Aprikosen-Konfekt 91
Avocadocreme 28
Avocado-Schnitte 40

B

Bananenbrötchen 41
Bananen-Flip 111
Bananenmilch 27
Bananenquark 28
Beeren-Mix 110
Blaubeer-Pancakes 30
Brot, kinderleichtes 35
Brot-Rolle 39

C

Couscous mit Gemüse 60

D

Dips 94

E

Eis am Stiel 88
Erdbeer-Eis 89
Erdbeer-Tiramisu 109

F

Fischburger, crispy 55
Fisch-Versteck 104
Fischpfanne 54
Fischstäbchen 77
Früchtchen im Schokobad 106
Früchte-Tüte 105
Früchtepunsch 111

Fruchtgummi 91
Frühstücks-Kakao 25

G

Gemüsechips 90
Gemüse-Crostini 103
Gemüse-Päckchen 105
Gemüse-Sandwich 40
Gemüse-Sticks mit Dip 94
Gemüse-Wraps 38
Grünkern-Bratling 52
Gummibärchen-Bowle 110
Guten-Morgen-Müsli 24

H

Hähnchen im Spinatbett 58
Hähnchen-Gemüse-Wok 58
Hähnchenkeulen, gegrillte 81
Hähnchenschnitzel im Nuss-Hemd 74
Hähnchen-Wraps 59
Hamburger 78
Heiße Schokolade 25
Hirsotto 57

K

Kalbsschnitzel in Cornflakes-Kruste 74
Kartoffelbrei, roter mit Würstchen-Krake 56
Kartoffel-Cappuccino 48
Kartoffelchips 90
Kartoffeln mit Dip 101
Kartoffeln, gefüllte 101
Käse-Nuss-Aufstrich 28
Käse-Nuss-Dip 94
Ketchup 70
Knabberstäbchen 95
Knusperhähnchen-Blech 81
Knusper-Häppchen 102

Knuspersalat 51	Reissalat 50
Knusperstangen 95	Rührei in der Schale 31

L

Latte macchiato 25

S

Schlemmerfilet 54

Kürbissuppe 46

Lieblings-Spaghetti 66

Schoko-Aprikosen 92

Limetten-Cocktail 111

Schokolade, heiße 25

Schokoladen-Schmetterling 107

M

Mais-Pizza 69

Schwarz-Weiß-Schnitte 37

Sonntags-Frühstück 30

Maispuffer 52

Spaghetti 66

Mango-Mix 26

Spaghetti mit Gemüsebolognese 66

Melonen-Eis 88

Spießchen-Mix 100

Milchreis mit Kirschen 82

Spinat-Röllchen 73

Milchreis-Auflauf 82

Streich-Einheiten, leckere 28

Möhren-Dip 94

Möhren-Orangen-Suppe 49

T

Tex-Mex-Topf 61

Muntermacher, fruchtige 26

Thunfisch-Crostini 103

Müsli 24

Toast Hawaii 102

Müsli-Drink 26

Tofu-Burger 78

Müsli-Muffins 31

Tomaten-Dip 94

Müsliriegel 41

Tomatensuppe mit Apfel und Reis 47

Tropical Mix 88

N

Nudelsalat, bunter 50

U

Überraschungs-Päckchen 104

Nuss-Schoko-Creme 29

V

P

Party-Drinks 110

Vanille-Sticks mit Schokohut 89

Vitamin-Shake 27

Pfannkuchen mit Apfel-Füllung 73

Pizza „Wünsch dir was" 69

W

Pommes 70

Weizentortillas 39

Würstchen-Krake, roter Kartoffelbrei mit 56

Q

Quark, beerenstarker 93

Würstchen-Krokodil mit Pommes 70

Quark-Nuggets 93

Z

R

Reis „Kunterbunt" 57

Zucchini-Möhren-Küchlein 53

Diese Adressen helfen Ihnen weiter

Bundesministerium für Verbraucherschutz,
Ernährung und Landwirtschaft
Rochusstraße 1
53123 Bonn
Telefon 02 28/5 29-0
www.verbraucherministerium.de

→ Initiative „Kinderleicht" des
Verbraucherschutzministeriums
www.kinder-leicht.net

CMA Centrale Marketinggesellschaft
der deutschen Agrarwirtschaft mbH
Koblenzer Straße 148
53177 Bonn
Telefon 02 28/8 47-0
www.cma.de

Deutsche Gesellschaft für Ernährung
Godesberger Allee 18
53175 Bonn
Tel. 02 28/37 76 60-0
www.dge.de

Forschungsinstitut für Kinderernährung
in Dortmund
Heinstück 11
44225 Dortmund
Telefon 02 31/79 22 10-0
www.fke-do.de

aid infodienst Verbraucherschutz,
Ernährung und Landwirtschaft e.V.
Friedrich-Ebert-Straße 3
53177 Bonn
Telefon 02 28/84 99-0
www.aid.de

neuform – Vereinigung deutscher
Reformhäuser e.G.
Waldstraße 6
61440 Oberursel
Telefon 0 61 72/30 03-0
www.reformhaus.de

Reformhaus-Fachakademie
Gotische Straße 15
61440 Oberursel
Telefon 0 61 72/3 00 98 22
www.reformhaus-fachakademie.de

Bio-Produkte online einkaufen
Für alle, die wenig Zeit zum Einkaufen haben:
Öko-Lebensmittel kommen auch direkt ins Haus, als
Abo- oder Bio-Kisten vom Ökobauern oder über den
Versandservice im Internet.

www.oekokiste.de
Bio-Kost frei Haus

www.bionelle.de
Bio-Lebensmittel und tierversuchsfreie Kosmetik

www.alles-vegetarisch.de
Großes Sortiment an vegetarischen Produkten

www.naturas.de
Bio-Lebensmittel, tierversuchsfreie Kosmetik und viele
weitere Produkte rund um das gesunde Leben

Christian Henze begann nach abgeschlossener Kochlehre seine Karriere im Landhotel Schlosswirtschaft in Illereichen und bei Agnes Amberg in Zürich, stand ab 1991 in Eckart Witzigmanns „Aubergine" am Herd und wurde dann für 2 Jahre von Gunter Sachs als Privatkoch engagiert.

Seit 1995 betreibt Christian Henze in Probstried bei Kempten gemeinsam mit seiner Frau Pia ein eigenes Restaurant, das „Landhaus Henze", das bundesweit zu den besten kulinarischen Adressen gehört. 1999 wird ihm der erste Michelin-Stern verliehen. Seit 2002 gibt es den „Christian Henze Versand" für Feinkost und Wein, 2004 eröffnete der Sternekoch in Kempten seine eigene Kochschule.

Bekannt wurde Henze durch seine Kochshows und viele TV- und Fernsehauftritte. Im MDR kocht er jeden Mittwoch bei „Iss was!?". Auch zahlreiche Kochbücher hat Henze veröffentlicht, unter anderem das im Kosmos Verlag erschienene „Jahreszeitenkochbuch" und das Begleitbuch zur TV-Serie „Iss was!?".

www.landhaus-henze.de

Impressum

Umschlaggestaltung von eStudio Calamar unter Verwendung von Farbfotos von Fabian Silberzahn.

Mit 100 Farbfotos

Bildnachweis: S. 103: Reformhauskurier/A.F. Endress

Wir bedanken uns bei der Vereinigung deutscher Reformhäuser e.G. und bei der Reformhaus-Fachakademie für die freundliche Unterstützung.

Unser gesamtes lieferbares Programm und viele weitere Informationen zu unseren Büchern, Spielen, Experimentierkästen, DVDs, Autoren und Aktivitäten finden Sie unter **www.kosmos.de**

Gedruckt auf chlorfrei gebleichtem Papier

2. Auflage 2008
© 2005, 2008, Franckh-Kosmos Verlags-GmbH & Co. KG, Stuttgart
Alle Rechte vorbehalten
ISBN 978-3-440-11483-4
Foodfotografie: Fabian Silberzahn
Styling: Dorothee Ade
Mitarbeit Fotoproduktion: Frank Aldinger, Sascha Kemmerer,
   Florian Kiening, Oliver Hartl, Bernd Seneberg
Redaktion: Dr. Eva Eckstein
Layout und Satz: solutioncube GmbH, Reutlingen
Produktion: Jürgen Bischoff
Printed in Germany / Imprimé en Allemagne